LA Mujer SUJETA AL ESPÍRITU

LA · Mujer SUJETA AL ESPÍRITU

Beverly LaHaye

GRUPO NELSON
Una división de Thomas Nelson Publishers
Desde 1798

NASHVILLE   DALLAS   MÉXICO DF.   RÍO DE JANEIRO   BEIJING

©1996 Editorial Caribe, Inc.
Una división de Thomas Nelson
P.O. Box 141000
Nashville, TN 37214-1000

Título del original en inglés: *The Spirit Controlled Woman*
©1995 por *Harvest House Publishers*

Traductoras: *Elsa Romanenghi de Powell y Erma Ducasa*

ISBN: 0-88113-210-1

ISBN 978-0-88113-210-6

A menos que se indique lo contrario,
todas las citas bíblicas fueron tomadas de la
Versión Reina-Valera, revisión de 1960.
©1960 Sociedad Bíblicas Unidas.

Impreso en EE.UU.
Printed in USA

E-mail: caribe@editorialcaribe.com

23ª Impresión
www.caribebetania.com

RECONOCIMIENTOS

La mayoría de los proyectos importantes
no los concreta una sola persona.
El sueño, la visión y la escritura del libro
constituyeron la parte que me tocó a mí.
Pero la mecanografía, la corrección y
el cumplimiento de los plazos estipulados
pueden atribuirse a dos fieles asistentes:
Kelly Gegner y Marion Wallace.
En último lugar, pero no por ello menos importante,
deseo agradecer a mi esposo, *Tim LaHaye*,
por estar presto en cualquier momento
y por ser mi consejero.
Todos rogamos que este libro
sea de bendición para muchos.

CONTENIDO

CONTENIDO

PRÓLOGO

Mi querida Bev:

Hace años que la gente me pide escribir un libro sobre el temperamento y la vida llena del Espíritu, desde el punto de vista de la mujer. Estoy consciente de la necesidad que hay de un trabajo de esa naturaleza, pero el problema está en que no pienso como mujer. Era preciso que ese libro lo escribiera un miembro del «sexo bello» —lo que, obviamente, se descarta.

Cuando Bob Hawkins te animó para que lo escribieras, aprobé la idea con entusiasmo por dos razones: Una, porque has estado inmersa en el tema de los cuatro temperamentos por muchos años, y puedo dar testimonio de que, desde tu entrega total a Dios, hace cosa de trece años, tu temperamento está bajo el control del Espíritu. Y, porque he podido ser testigo de cómo una dulce y delicada máquina de fabricar ansiedades se ha ido transformando en una mujer llena de gracia, radiante y emprendedora, que Dios ha usado para inspirar a miles de otras mujeres para aceptarlo y la vida abundante que Él ofrece, todo ello mediante los mensajes sobre la vida controlada por el Espíritu que has estado dando.

Me ha resultado un tanto divertido ver cómo te desvelabas hasta altas horas de la noche escribiendo este libro. Trece años atrás, te hubieras asustado de solo tener que escribir la primera página. Ahora te has apoyado en Aquel que es más poderoso para hacer las cosas de lo que podamos pedir o imaginar, y lo has terminado.

Creo que has hecho un trabajo valioso y me uniré a ti para pedir en oración que los conceptos compartidos con tanta eficacia a través de tu ministerio público, puedan bendecir ahora a miles más mediante la lectura de este libro. Pediré también que cada mujer que lo lea, disfrute de la misma transformación que experimentaste.

Para ser sincero, prefiero a la nueva Beverly. Naturalmente, siempre te he querido. ¡Después de todo se me ordena quererte! Pero desde tu conversión en una mujer llena del Espíritu, encuentro mucho más fácil y cautivante amarte. Tengo la impresión de que otros maridos vivirán la misma experiencia cuando sus esposas aprendan la alegría de ser *una mujer sujeta al Espíritu*. No puedo menos que dar gracias a Dios por haberte enviado a mi vida.

> *Con todo mi amor,*
> *Tim*
> *(Escrito en 1976)*

P.D. Muchos años han pasado desde que escribí las palabras que anteceden y la historia ha mejorado increíblemente. Ni soñábamos en aquel entonces que Dios reconocería tu profunda preocupación por la declinación moral y cultural en nuestra nación y te guiaría a fundar *Concerned Women for America* [Mujeres preocupadas por Estados Unidos]. En la actualidad, tú, una «mujer temerosa» en el pasado, cumples la función de presidenta de la organización femenina a favor de la familia de mayor envergadura del país. Te has establecido como una líder cristiana respetada en Washington, como una que conoce y ha trabajado junto con presidentes de Estados Unidos, miembros del gabinete, senadores y congresistas, la cual incluso ha comparecido ante el Comité Judicial del Senado a fin de testificar a favor de tres nominados a la Corte Suprema, un ambiente increíblemente atemorizante. Además de eso, has dado a luz un programa radial diario de conversación, aquí en la capital de la nación, actualmente el mayor de su tipo conducido por una mujer y trasmitido a casi todas las ciudades de la nación. Has probado en tu vida que Dios en verdad «puede suplir todas nuestras necesidades» si tan solo damos un paso de fe y seguimos su dirección. Admiro el hecho de que nunca has limitado a Dios por medio de la incredulidad. Y lo mejor de todo, no has perdido tu espíritu agradable y semejante a Cristo. Te amaba en aquel entonces, pero hoy te amo todavía más.

1

El comienzo de una vida más plena

¿P̶or qué algunas de mis amigas parecían tener mayor habilidad y potencial que yo? ¿Cómo podía Dios usarme cuando algo parecía faltar en mi vida? ¿Podría alguna vez utilizarme para su gloria? Estas eran las preguntas que parecían penetrar el corazón durante mis primeros quince años como joven esposa de un pastor.

Entonces un día hallé las respuestas a esas preguntas. Esta persona temerosa e introvertida se encontró frente a frente con la dimensión ausente en su vida. Lo que faltaba era la confianza y la seguridad personal que viene de «Todo lo puedo en Cristo que me fortalece» (Filipenses 4.13). El temor constante de no poder satisfacer las expectativas de otras personas, incluyendo las de mi esposo, me había rondado en forma regular. Pero por medio de Cristo, adquirí confianza y vencí todos esos temores.

Pues bien, acepté relatar mi historia unos trece años después. Se convirtió en el libro publicado en 1976 titulado *La mujer sujeta al Espíritu*, y provino directamente del corazón. Deseaba que otras mujeres, que tal vez lidiaban con algunas

de las mismas emociones, supiesen cómo había obrado
Dios en mi vida. Debió haber muchas en esa búsqueda porque, con el correr de los años, se han vendido más de ocho-
cientos mil ejemplares del libro. Pero los años tienen un
modo de producir madurez y sabiduría. Cuando esos años
se dedican a aprender a andar en el Espíritu y bajo su control, es necesario que haya una comprensión más plena de
nuestra fe en Cristo.

Es por eso que ahora hago una revisión de *La mujer
sujeta al Espíritu*. El mensaje básico sigue siendo el mismo
porque proviene de la Palabra de Dios, pero la profundidad
de comunicación de esos principios que pueden cambiar
nuestras vidas es, así lo espero, mucho más plena.

• ──────────────────────────

Necesitaba poder, amor y dominio
propio que me capacitasen para des-
pojarme de la pobre autoestima y del
temor; dar un paso hacia adelante con
renovada confianza y permitir que
Dios hiciese lo que Él decidiese hacer
con mi vida.

────────────────────────── •

Antes de esa experiencia mencionada anteriormente,
había sido una persona temerosa e introvertida, con una
imagen más bien pobre de mí misma. Como joven esposa
que era, vivía constantemente atemorizada de no poder
cumplir las expectativas que, nuestras amistades, parecían
requerir de mí. Debido a eso, me resultaba difícil invitar
amigos a casa. Además, rehusaba aceptar invitaciones para
dar conferencias a grupos de mujeres, porque dudaba si
tendría realmente algo para decirles. Después de todo,

¿quién iba a estar dispuesto a escuchar a una mujer cuya única realización en la vida había sido dar a luz a cuatro hijos? Durante los primeros años de nuestro pastorado, una mujer muy bien intencionada me dijo en cierta ocasión: «Señora LaHaye, la esposa del último pastor que tuvimos era escritora, ¿qué hace usted?» Una pregunta bastante demoledora para una tímida mujer de veintisiete años. Comencé a preguntarme: «¿Qué he hecho?» Sí, era una buena madre de cuatro hijos, una ama de casa razonablemente eficaz y mi esposo me adoraba; pero, ¿qué había hecho que tuviera un efecto perdurable en la vida de otras mujeres? Vez tras vez me volvía la misma respuesta: «¡Muy poco!»

La primera vez que me enfrenté, a mis inseguridades en aumento, ocurrió en una conferencia cristiana en Forest Home, California, en 1963. Escuché al Dr. Henry Brandt, un sicólogo cristiano, dar un mensaje acerca de la plenitud del Espíritu Santo y el efecto que podría tener sobre mi vida. Esta era la primera vez que ello me había sido presentado con tanta claridad, e instantáneamente reconocí que esta era la dimensión faltante.

El miedo y las ansiedades dominantes no podían venir de Dios: «Porque no nos ha dado Dios espíritu de cobardía, sino de poder, de amor y de dominio propio» (2 Timoteo 1.7). ¡Esto era lo que me faltaba! Necesitaba poder, amor y dominio propio que me capacitasen para despojarme de la pobre autoestima y del temor, dar un paso hacia adelante con renovada confianza y permitir que Dios hiciese lo que Él decidiese hacer con mi vida. Conocía mis limitaciones y sabía que sólo podía lograr esto cediendo los controles de mi vida al Espíritu Santo.

También me ayudó darme cuenta que estaba en un error al no querer aceptarme tal como Dios me había creado: «Te alabaré; porque formidables, maravillosas son tus obras;

estoy maravillado, y mi alma lo sabe muy bien» (Salmo 139.14).

El Dr. Brandt me habló acerca de confesar mis temores y ansiedades como pecado, porque «todo lo que no proviene de fe, es pecado» (Romanos 14.23b), y luego pedir la plenitud del Espíritu Santo. Cumplí con esa sencilla fórmula y confié en el Espíritu Santo durante los días y meses que siguieron para que llevase a cabo lo imposible a través de mí mediante este nuevo poder que tenía dentro.

Debo reconocer que no hubo ninguna señal ni manifestación exterior de este acontecimiento, excepto que mi corazón se llenó de una hermosa quietud y paz interior. Dios comenzaba a hacer una obra en mí que habría de ser mucho más efectiva que cualquier cosa que pudiese hacer yo misma. Deseaba hacer lo imposible para Dios. Mi nuevo descubrimiento no me cambió de un día para otro, ni en una semana, ni siquiera en un mes. Pero al empezar diariamente a apropiarme de ese poder, amor y dominio propio, Dios estaba obrando dentro de mí. La dimensión faltante había sido hallada. Mi temperamento natural seguía siendo parte de mí, pero Dios iba a obrar sobre mis debilidades. Juntos veríamos cómo empezaba a crecer una Beverly transformada.

Mi testimonio es que hasta aquí he llegado por la fe y el poder del Espíritu Santo. Aún me queda mucho por andar, pero Dios está obrando fielmente en mí, preparándome para ese día en que le veré a Él cara a cara.

Ruego que esta revisión de *La mujer sujeta al Espíritu* haga lo mismo para usted. Comencemos echándole un vistazo a lo que es el temperamento, para luego repasar los diversos temperamentos y cómo ejercen influencia en nuestras vidas.

2

¿Qué es el temperamento?

2

¿qué es el
temperamento?

*N*ingún estudio de los seres humanos es completo si no es considerado el temperamento, porque ejerce mayor influencia sobre su comportamiento que cualquier otro factor de la vida. Así como nuestra conformación física, mental y emocional está basada sobre la disposición de los genes en el momento de la concepción, también lo está nuestro temperamento. Es bien sabido que la combinación de esos genes produce el color de sus ojos y su cabello, y la forma de su cráneo y su rostro, su estatura y forma corporal general, su cociente de inteligencia, y la expresión de sus emociones y sus reacciones. Lo que no es tan sabido es que esos mismos genes producen su temperamento. Ellos, a su vez, ejercen una significativa influencia en el modo de usar sus características físicas, emocionales y mentales.

Su temperamento (o debiera decir, su singular combinación de dos o más temperamentos), junto con sus características físicas, mentales y emocionales, es lo que hace que usted sea usted de manera tan única. Incluso los gemelos se comportan de manera diferente por causa de sus diferentes combinaciones de temperamentos, pues el temperamento determina cómo habrá de usar sus características físicas, mentales y emocionales.

Nada ejerce una influencia más poderosa sobre el comportamiento humano que el temperamento. Por supuesto que su naturaleza espiritual puede ayudar a fortalecer las debilidades de su temperamento, pero eso es algo que trataremos más adelante. Por ahora, resulta importante comprender que su singular combinación de temperamentos determina sus acciones, reacciones, prejuicios y a menudo sus gustos y disgustos. Es cierto que otros factores juegan un rol en la manera de comportarse, incluyendo su crianza, valores religiosos, hábitos y educación.

Algunos investigadores dicen que un niño pasivo en el vientre será pasivo en la vida, y uno que patea en el vientre será un pateador en la vida. Sí sé que a menudo resulta fácil predecir el temperamento primario de algunos niños en una guardería. Por ejemplo, la niña colérica no puede soportar ser colocada en una cuna cuando no desea dormir. Casi es posible ver lo que piensa a través de su mirada al sacudir los barrotes sin misericordia («¡En cuanto salga de esta cuna, voy a organizar toda esta casa!»). El niño flemático se contenta con pasar el tiempo entreteniéndose con los juguetes que le han dado. La niña melancólica llora como si la hubiesen abandonado de por vida... y piensa que así ha sucedido. La niña sanguínea hace uso de sus encantos cada vez que pasa alguno, con la esperanza de que dicha persona no pueda resistirse y la levante... y por lo general tiene razón.

Cuando se encuentre con estas personas veinticinco años más tarde, descubrirá que sus rasgos básicos de temperamento siguen caracterizando su comportamiento. El sanguíneo, amante de la diversión, sigue siendo una persona alegre; el empeñado colérico sigue tratando de organizar todo, aunque para entonces su horizonte haya cambiado. Ahora está organizando su propia compañía o toda una ciudad. La melancólica todavía sabe que las personas no la quieren y la abandonarán si se les presenta la oportunidad; y el flemático aún se contenta con dar vueltas, aunque a estas alturas olerá las rosas y contemplará las flores.

Alguien ha dicho de los cuatro temperamentos que el melancólico creativo inventa cosas, el colérico las fabrica, el sanguíneo las vende y el flemático las disfruta.

¿PUEDE UN TEMPERAMENTO SER CAMBIADO?

Los melancólicos preguntan a menudo: «¿Puede ser cambiado mi temperamento?» Los sanguíneos raramente formulan esa pregunta porque les agrada su modo de ser y les agrada el hecho de que la mayoría de las personas gusta de su modo de ser también. Los coléricos no quieren cambiar, pero les agradaría modificar a la mayoría de las personas. Los flemáticos, por lo general, se conforman observando alegremente a otros como espectadores de la vida. Irónicamente, el melancólico —el más rico y talentoso de todos los temperamentos— es, probablemente, quien más desee un temperamento diferente. Debe ser la tendencia perfeccionista en la melancólica que le hace siempre estar buscando la mezcla ideal para ser «perfecta». Una vez se dé cuenta de que forma parte de la raza caída de *Homo sapiens* y que nadie es perfecto, tal vez tenga disposición de aceptarse y usar sus considerables dones.

Pero el punto importante es: no, su temperamento no puede ser cambiado. Al igual que sus huellas dactilares, es una parte de su ser que la identifica de por vida. Feliz la mujer que comprende que Dios la hizo como es y desea usarla de ese modo.

Él tenía un plan para usted cuando fue concebida, y utilizará todas las circunstancias de su vida para moldearla convirtiéndola en la persona que Él desea que sea, si usted así se lo permite. Sus debilidades debieran hacerle comprender cuánto depende de Él, y ése justamente es el tema de este libro. Mediante la comprensión de sus debilidades, puede vencerlas por medio de la plenitud del Espíritu Santo. Entonces Dios puede usar sus talentos al máximo nivel.

La mayoría de las personas están tan dominadas por el lado débil de su temperamento, que destruyen sus virtudes heredadas. Teológicamente, diríamos que «el pecado que te asedia» te impide cumplir tu misión en la vida. Por ejemplo, la persona sanguínea a menudo es víctima de su ego y de falta de disciplina. Más tarde en su vida, muchas veces repele a las personas en lugar de atraerlas. La colérica agrede a las personas con su lengua filosa y sarcástica, de tal·manera, que le tienen miedo. Con frecuencia, la flemática gratifica su espíritu egoísta de no querer involucrarse o no desear esforzarse. Y la melancólica puede gratificar su modo naturalmente pesimista y depresivo y convertirse así en un caso perdido emocional que se queja tanto que las personas la evitan... tal como ella esperaba.

¡PERO ALGUNAS PERSONAS PARECEN CAMBIAR!

Muchas personas parecen cambiar su temperamento con el transcurso de su vida. Pero si observa atentamente, notará que sólo se fortalecen las debilidades que experimentanron en el cambio cuando alguna fuente grande y elevada de poder viene a su vida. En algunas es su amor por otra persona. Algunas mujeres que han sufrido abuso y despre-

cio de parte de alguno de sus padres, se casan con hombres
que brindan afirmación y apoyo. Ese apoyo y ese aliento
aportan la confianza necesaria que las capacita para que
parezca que han cambiado. Pero aun así el cambio está limitado a ciertos aspectos de su vida.

> *A pesar de que ninguna mujer puede cambiar su temperamento, el poder espiritual, que está a su disposición por medio del Espíritu Santo, puede transformar sus debilidades básicas al punto de dar la impresión de cambiar su temperamento.*

Algunas mujeres encuentran en el alcohol, las drogas u
otra forma de comportamiento adictivo, un medio temporal de apoyo externo que las saca de sus debilidades. Pero
los perjudiciales efectos secundarios son bien conocidos y a
menudo siguen su curso, creando a la larga más problemas
de los que pueda sobrellevar mujer alguna.

La mejor y única fuente externa de poder para la mujer
actual, es el ministerio del Espíritu Santo que está a su disposición después de entregarse a Cristo. No existen efectos
secundarios negativos al cambio espiritual por medio del
Espíritu Santo, y no es temporal. Trataré ese tema más de-
talladamente en otro capítulo. Pero ahora deseo enfatizar
que, a pesar de que ninguna mujer puede cambiar su temperamento, el poder espiritual que está a su disposición por
medio del Espíritu Santo puede transformar sus debilidades básicas al punto de dar la impresión de cambiar su
temperamento.

DIOS NO CAMBIÓ
LOS TEMPERAMENTOS DE LOS APÓSTOLES

En su libro *Transformed Temperaments* [Temperamentos transformados], mi esposo, Tim, usó personajes bíblicos como ejemplo del tipo de «cambio» que Dios puede producir en cualquier individuo que lo acepta como Señor y Salvador y le permite controlar su vida. Pedro era un superextrovertido sanguíneo cuando Cristo llegó a su vida. Después de recibir la plenitud del Espíritu Santo en Hechos 2, no dejó de ser un extrovertido. En lugar de eso, Dios pudo usar su espíritu comunicativo y contagioso para ganar a miles para su Señor. El apóstol Pablo era un extrovertido decidido y motivado, mucho antes de su conversión al cristianismo. Pero después de ser salvo y recibir la plenitud del Espíritu Santo, dedicó sus talentos a Dios y llegó a ser lo que muchos consideran el cristiano más productivo del primer siglo y, por medio de sus 13 epístolas, quizás de toda la cristiandad. Del mismo modo, Moisés el melancólico y Abraham el flemático fueron completamente ineficaces para Dios hasta ser capacitados por el poder del Espíritu de Dios.

Ya que el temperamento es incluido en uno en el momento de la concepción, no es posible el cambio de temperamento. Pero modificar sus debilidades es otro cantar. Como veremos, Dios el Espíritu Santo, proveerá de fuerza para cada debilidad humana (o de temperamento). El resultado que se produzca parecerá un cambio. ¿Y no es eso acaso lo que usted desea? Todos quisieran vencer sus debilidades. El único poder que conozco que puede hacer eso es el Espíritu Santo. Pero no ocurre en forma automática simplemente porque usted es cristiano. El cambio se producirá únicamente cuando usted coopere con el Espíritu Santo.

3

Los cuatro temperamentos básicos

¿Qué cosa pudiera ser más interesante que el estudio del temperamento humano? Esto abre la puerta hacia el entendimiento de lo que motiva a la gente a comportarse de cierta manera. Todos, por supuesto, están interesados en saber lo que mueve a las personas. Y por mucho que nos fascine descubrir lo que hace que otras personas se comporten de determinado modo, a casi todos nos interesa el secreto oculto en el propio comportamiento.

El ochenta por ciento de los estudiantes universitarios cursa Sicología 101 y 102, probablemente porque intenta descubrir lo que provoca sus acciones y reacciones espontáneas. Casi todos han preguntado: «¿Por qué hago lo que hago?» o «¿Por qué me comporto del modo que lo hago?» El problema de la sicología humanista es que básicamente separa a las personas en sólo dos categorías: «introvertidas» y «extrovertidas». Desafortunadamente, eso resulta ser una explicación por demás inadecuada del comportamiento humano. Los cuatro temperamentos básicos son mucho más descriptivos y facilitan a las personas identificarse por sí mismas.

Sorprendentemente, el temperamento constituye la teoría más antigua del comportamiento humano. Es también la más acertada. Dicha teoría fue concebida por el médico griego Hipócrates, a quien se conoce como el «padre de la medicina moderna». Debe haber sido un genio analítico, pues las características originales que dio a cada temperamento han sobrevivido por más de 2000 años.

Aunque Hipócrates no fue el primero en ver la existencia de cuatro tipos de personas, si lo fue en identificar los cuatro tipos y darles nombres que han permanecido por 23 siglos. Salomón, el hombre sabio de Proverbios, vio cuatro tipos de personas 500 años antes de que naciera el Dr. Hipócrates. Y aunque Salomón no identificó los cuatro tipos con los nombres que nos resultan conocidos, describió sus características negativas según se ve a continuación:

> Hay generación que maldice a su padre
> Y a su madre no bendice.
> Hay generación limpia en su propia opinión,
> Si bien no se ha limpiado de su inmundicia.
> Hay generación cuyos ojos son altivos
> Y cuyos párpados están levantados en alto.
> Hay generación cuyos dientes son espadas,
>   y sus muelas cuchillos,
> Para devorar a los pobres de la tierra,
>   y a los menesterosos de entre los hombres.
>
> *Proverbios 30.11-14*

Me resulta interesante que Salomón, descrito en la Biblia como el hombre más sabio que ha habido o que habrá, haya mencionado en primer lugar al temperamento melancólico. En cada listado desde Hipócrates hasta el presente, la mayoría de los escritores de este tema han puesto en primer lugar al sanguíneo. Pero voy a seguir el listado de Salomón y presentar en primer lugar a la melancólica Marta. Antes de pasar a esa descripción, sin embargo, deseo darle la buena y la mala noticia acerca del temperamento.

He descubierto que los cuatro temperamentos no sólo constituyen la mejor explicación del comportamiento humano, sino que también son la mejor herramienta para ayudar a las personas a sobrellevar sus debilidades, ya que las Escrituras contienen una respuesta para cada una de estas debilidades.

Todos los temperamentos tienen virtudes y debilidades. Y a pesar de que describiré ambos aspectos, examinaremos las debilidades de cada temperamento con mayor detenimiento que las virtudes. Nuestras virtudes no nos causan demasiados problemas en la vida, ya que por lo general nos brindan un singular conjunto de talentos. Aunque a muchas de nosotras nos agradaría que se nos conociese únicamente por nuestras virtudes, desafortunadamente las debilidades suelen ser más obvias. Por lo tanto, voy a concentrarme en las debilidades de cada temperamento más que en las virtudes, porque son nuestras debilidades las que más problemas nos provocan. Si podemos aprender a confiar en el ministerio del Espíritu Santo que está dentro de nosotras, después de recibir a Cristo como nuestro Señor y Salvador personal, seguiremos avanzando hasta convertirnos en la clase de personas que originalmente Dios tuvo pensado que fuésemos.

He descubierto que los cuatro temperamentos no sólo constituyen la mejor explicación del comportamiento humano, sino que también son la mejor herramienta para ayudar a las personas a sobrellevar sus debilidades, porque las Escrituras contienen una respuesta para cada una de ellas. Cuando llegamos a comprender que no somos anormales y que muchas otras personas comparten nuestros rasgos particulares, existe esperanza para nosotros con la ayuda de Dios. Entonces será más fácil iniciar el proceso gradual de sobreponernos a nuestras debilidades más perjudiciales. Pero primero debiéramos entender los cuatro temperamentos, particularmente en lo relacionado con las mujeres.

Consideraremos los cuatro temperamentos en el orden que sigue:

> Introvertidos:
>> Melancólico
>> Flemático

> Extrovertidos:
>> Colérico
>> Sanguíneo

Al estudiarlos, pido que lo hagamos con la mente y el corazón abiertos. Sólo así podrá el Espíritu Santo efectuar una obra en nuestras vidas, que nos permita glorificarlo de manera más efectiva.

4

Conozca a Marta Melancólica

*M*arta *Melancólica generalmente tiene el temperamento más rico de todos. Casi siempre es bastante talentosa por naturaleza, con un elevado cociente de inteligencia y una mente retentiva que, constantemente, analiza todo.* Frecuentemente logra buenas calificaciones en la escuela, disfrutando de los estudios complejos de química, matemáticas y otras materias de precisión. Si tiene talento en el campo de la música, sentirá profunda apreciación por la buena música y posiblemente tenga la capacidad de tocar un instrumento o cantar. Generalmente es buena en ortografía y precisa en gramática. Es el tipo de estudiante que a las maestras les encanta porque entrega sus trabajos a tiempo, y por lo general es el trabajo más prolijo de la clase.

Marta es una introvertida y, dependiendo de su trasfondo, crianza, y experiencias pasadas, es posible que raramente exprese su opinión, aunque casi siempre tiene una. Es muy sensible, lo cual puede motivarla para andar muy bien en el campo del cuidado de la salud. Allí su naturaleza de sacrificio personal le permite ministrar efectivamente a otros, si no la inhiben su introversión y temor naturales. Una vez superados los primeros días de una nueva vocación y estar cómoda con su trabajo, se desenvolverá extremadamente bien con su mente innovadora y su creatividad.

Es muy raro que Marta Melancólica sea siquiera un poco ociosa. En lugar de eso, es tan diligente que se siente culpable si no está trabajando.

Por lo general Marta no tiene muchos amigos por ser tan introvertida y en ocasiones exageradamente preocupada por sí misma. Casi nunca busca formar nuevas amistades, y en realidad prefiere estar sola o a lo sumo con una o dos personas más. Cuando finalmente establece una amistad, Marta es en extremo leal a la misma. Posiblemente esa sea la razón por la que tiene tan pocos amigos. Tiende a sentirse desleal a su primera amiga si encuentra otra. Si tienes una amiga melancólica, eres bendecida porque será una amiga de por vida, siempre y cuando no la traiciones ni lastimes su espíritu tan sensible. Una advertencia: Es posible ofenderla, con mucha facilidad, sin darse cuenta siquiera. ¡A menudo Marta Melancólica es tan sensible que se le puede ofender con sólo mirarle de cierto modo (o, lo que es peor, si no la mira)!

Es muy raro que Marta Melancólica sea siquiera un poco ociosa. En lugar de eso, es tan diligente que se siente culpable si no está trabajando. No es del tipo activo, imparable y ocupado como Clara Colérica, la cual examinaremos más adelante, sino que es más como Marta, la hermana de Lázaro en la Biblia, y siempre está ocupada intentando facilitarle la vida a los demás. Los niños melancólicos a menudo son considerados como «niños modelos». Viven buscando la aprobación de sus padres, maestros y del grupo de sus padres. Estos niños generalmente precisan poca corrección; a decir verdad, los padres de melancólicos debieran ser muy cuidadosos al corregirlos, porque fácilmente son devastados por la desaprobación. Ya que por lo general al crecer se casan con extrovertidos, los cuales a menudo son innecesariamente brutales en su criticismo, la melancólica puede sentir que no es amada ni apreciada y que es insegura.

La autodisciplina es otra característica típica de los melancólicos. De los distintos temperamentos ellos son los que más factiblemente siguen directivas, mantienen un régimen para su estado físico y son fieles a sus votos matrimoniales. Desafortunadamente, toleran incluso el abuso y la violación conyugal, lo cual sorprende a los de otro tipo de temperamento. Es raro encontrar una Marta obesa excepto que su temperamento secundario sea sanguíneo. Pues según veremos más adelante, los sanguíneos «viven para comer» mientras que los melancólicos «comen para vivir». Marta casi nunca come alimentos malos para la salud. Está informada de las calorías y los gramos de grasa de la mayoría de los alimentos y en su subconsciente rechaza cualquier cosa que no contribuye a su salud. Excepto que esté emocionalmente preocupada, Marta no fluctuará más de cinco kilos durante sus años adultos. Tengo una amiga melancólica que no ha variado de talla de vestido en 30 años, a pesar de haber tenido cinco hijos.

Uno de los rasgos más obvios de Marta Melancólica es su perfeccionismo. Y francamente, no puedo decidir si eso es bendición o maldición. Si es una artista, una actriz o una cantante, trabajará incansablemente hasta lograr su nivel de perfección, tanto que podría superar el de sus maestros o padres. Luego cae en un estado de depresión porque no ha logrado cumplir sus propias expectativas. Las melancólicas a menudo se sienten infelices consigo y con su desempeño, aun cuando sus compañeros o sus empleadores o clientes puedan estar sumamente complacidos con sus creaciones. Y a pesar de que los melancólicos son frecuentemente críticos para con otras personas, con justicia debiera señalar que por lo general son aun más críticos hacia sí mismos, lo cual podría ser un motivo para tener a menudo, un estado de ánimo tenso. A decir verdad, Hipócrates los denominó «melancólicos» porque pensó que su melancolía o «estado de ánimo negro», que él encontró tan preponderante, era causado por tener demasiada sangre negra. Y a pesar de que a la mayoría de los melancólicos les agradaría echar la culpa de su mal humor y sus tendencias depresivas a su sangre, sus glándulas o su química, la verdad es que la depresión y los bajones de ánimo pueden ser atribuidos, con mayor frecuencia, a actitudes mentales y no a causas físicas.

Desafortunadamente, la autodisciplina de Marta no siempre pasa también a su vida emocional. Aun cuando se le diga que a través de sus pensamientos puede llegar a hundirse en un pozo de desánimo y en algunos casos en una profunda depresión, es posible que igualmente siga aferrada a sus pensamientos de lástima de sí o de autocrítica que consumen su energía emocional y hacen que esté «cansada todo el tiempo». Además, es posible que las habilidades creativas de Marta tomen el timón. Puede inventar más razones por las cuales sentir lástima de sí que cualquier otro temperamento y se imaginará o exagerará rechazos, heridas e insultos. Desafortunadamente, una persona no puede permitirse malos pensamientos (cualquiera sea la causa) sin experimentar malos sentimientos. Es posible que por esta razón las Martas de mediana edad del mundo suelan parecer mayores de lo que son en realidad, pues sus caras a menudo reflejan el mal humor de sus corazones.

La buena noticia para Marta Melancólica es que Dios la ama y desea salvarla y traer a su vida el «gozo del Señor». Los tres patrones que deberá vencer buscando la ayuda de Dios son el negativismo, la crítica (tanto de sí como de otros) y una tendencia natural a quejarse por todo, en lugar de dar gracias.

La mejor terapia para Marta Melancólica es leer Filipenses cada día durante 30 días y aprender lo que aconseja Pablo: estar contenta con lo que tiene y con quien es. Aunque el gozo puede ser espontáneo para el sanguíneo, está entre los primeros frutos del Espíritu mencionados (Gálatas 5.22-23) y es el mejor antídoto para la apatía, los estados de ánimo cambiantes y las depresiones de Marta Melancólica. La música de alabanza también la ayudará a dirigir sus pensamientos hacia una actitud de agradecimiento.

Con bastante frecuencia las Martas Melancólicas de este mundo se forman la falsa idea de que «no existe esperanza para mí». Eso es cierto únicamente si no conocen a Jesucristo personalmente y no tienen acceso a su poder por medio del ministerio del Espíritu Santo. Me resulta interesante que, en la Biblia, Dios buscó para su servicio más personas melancólicas que de cualquier otro temperamento. Algunos de los más grandes guerreros en oración, sacrificados y fieles siervos de nuestro Señor, tenían temperamentos melancólicos. Basta con preguntarse: ¿De qué temperamento eran Moisés, Elías, Samuel, Juan el Bautista, el apóstol Juan, Pablo y Tomás? Todos eran melancólicos. Pero al igual que todos ellos, para llegar a ser todo lo que se puede ser en el servicio a nuestro Señor o como persona, debe cooperar con el Espíritu Santo.

Las que se enumeran a continuación son algunas de las

características singulares de Marta Melancólica, junto con una perspectiva de cómo las debilidades de este temperamento pueden ser modificadas cuando son controladas por el Espíritu Santo.

> Puntos fuertes de las emociones de Marta Melancólica:
>> Amante de la música y del arte
>> Naturaleza de gran sensibilidad y riqueza interior
>> Capacidad analítica
>> Ternura
>> Reflexión profunda

> Puntos débiles emocionales:
>> Malhumorada y depresiva
>> Pesimista, siempre ve el lado negativo
>> Le gusta sufrir y comportarse como mártir
>> Hipocondríaca
>> Introspectiva al punto de ser dañino
>> Depresiva
>> Orgullosa

La melancólica tiene profundos y oscuros estados de tristeza y depresión y adquirirá un semblante más feliz y jovial con la ayuda del Espíritu Santo. Su naturaleza introspectiva puede aprender a dar un paso en fe y mirar hacia el futuro con brillante optimismo.

> Puntos fuertes de la relación de Marta Melancólica con otros:
>> Amiga confiable
>> Se sacrifica por sus amigos
>> Es leal y constante

Hace amigos con cautela
Siente mucho afecto por ellos

Puntos débiles en sus relaciones:
Critica las imperfecciones de otros
Exige perfección y juzga todo por sus propias
normas
Vive temerosa de lo que piensan los demás de
ella
Sospecha de otros
Es capaz de explotar con ira después de
prolongada animosidad
Mantiene un resentimiento mucho tiempo. Es
vengativa
Siente antipatía por los que no piensan como
ella
Hace difíciles sus relaciones con los demás

A través del Espíritu Santo, Marta Melancólica puede
desarrollar un espíritu de amor, haciendo de esta manera
que sea menos crítica y sospechosa de los demás y que se
faciliten sus relaciones con los demás.

Puntos fuertes de las actividades de Marta
Melancólica:
Fuertes tendencias perfeccionistas
Le gustan las tareas de precisión y análisis
Autodisciplinada, termina lo que emprende
Apta para trabajos creativos e intelectuales
Trabaja a conciencia y con eficacia
Es talentosa y con rasgos de genialidad
Conoce sus propias limitaciones

Puntos débiles de sus acciones
>   Indecisa
>   Teórica más que práctica
>   Se cansa con facilidad
>   Es poco decidida frente a proyectos de
>   innovación
>   Analiza las cosas excesivamente; esto conduce
>   al desánimo
>   Elige tareas que exigen el máximo sacrificio,
>   abnegación y servicio
>   Se pone irascible cuando realiza trabajos
>   creativos

Se volverá más extrovertida y menos egocéntrica por medio del Espíritu Santo. Su pesimismo será anulado por un espíritu de agradecimiento si es obediente al Señor y mantiene sus ojos puestos en Él y no en sí misma.

Algunas de sus ocupaciones y entretenimientos
>   preferidos
>   Arte
>   Música
>   Costura
>   Artes culinarias
>   Teneduría de libros
>   Cosmetología
>   Espectadora de actividades deportivas
>   Docente (generalmente en matemáticas,
>   ciencia o inglés)
>   Decoradora de interiores
>   Diseñadora de modas
>   Escritora
>   Experta en artesanías

Poesía (para escribirla o disfrutarla)

Las mayores necesidades de crecimiento espiritual de Marta Melancólica:

1. Vencer su espíritu crítico
2. Ser liberada de su dedicación a sí misma
3. Ocuparse del servicio de amor hacia otros, olvidándose de este modo de sí misma
4. Desarrollar un espíritu agradecido
5. Andar en el Espíritu diariamente
6. Desarrollar el hábito mental de vivir dando gracias: «Dad gracias en todo, porque esta es la voluntad de Dios para con vosotros en Cristo Jesús» (1 Tesalonicenses 5.18).

Marta Melancólica tiene otras necesidades menores, pero nada habrá de transformar su vida tanto como los cambios en estas seis. Al rendirse al Espíritu Santo en estos aspectos, Dios la usará al máximo y ella se querrá mucho más... también la querrán más sus seres queridos.

SUMARIO

Quizás sea este temperamento, por capacidad de reflexión y autosacrificio, el más favorecido de todos. Y sin embargo, debido a su costumbre de vivir centrada en sí misma, deprimida y llena de crítica hacia los demás, la mujer de temperamento melancólico es la que más sufre, y termina limitando su capacidad para aprovechar sus propios talentos y dones. Sólo si comienza a ser controlada por el Espíritu Santo logrará olvidarse de sí misma y superar su actitud crítica para convertirse en una creyente genuina, capaz de ayudar a quienes están a su alrededor con un espíritu de verdadera ternura y comprensión. Podrá desarrollar una actitud de gratitud y alegría que se convertirá en norma de su vida. Sólo entonces encontrará su realización y hallará paz y satisfacción en Cristo.

Hace algunos años tuve que aconsejar a una mujer de tipo melancólico que estaba muy preocupada por su futuro. Había llegado a la conclusión de que su marido no era el hombre con quien ella había creído casarse. No lograba ser suficientemente próspero, carecía de ambición, era sumamente desaliñado, nunca colaboraba con las tareas de la casa, ni siquiera era suficientemente viril. Todo ello la hacía pensar que la vida le había jugado una mala carta. En consecuencia estaba pasando por períodos de intensa depresión, y hasta había considerado la posibilidad de suicidarse.

Después de escuchar su larga lista de problemas, le señalé que todas sus afirmaciones habían sido críticas a los defectos de su esposo y a todo aquello en que él la había decepcionado, por no haber podido cumplir con sus expectativas acerca de él. Por un momento pensé si este individuo no sería, en efecto, la completa nulidad que ella decía, pero decidí aconsejarla de la siguiente manera: le dije que fuera a su casa y que durante una semana intentara hacer una lista de todos los puntos positivos del carácter de su esposo. Le advertí que si le resultaba muy difícil hallar qué poner en la lista, tal vez iba a tener que pedir la ayuda de Dios. Cuando volvió la semana siguiente me contó que durante tres días no había logrado descubrir nada. Entonces decidió pedirle a Dios que le mostrara si había algo bueno en su marido, y terminó escribiendo una lista con cuatro cosas: 1) Era cariñoso con sus hijos. 2) Era generoso con el dinero. 3) Se lo respetaba en la iglesia por su capacidad para enseñar la Biblia. 4) Le era fiel. Terminó dándose cuenta que era su espíritu crítico el que estaba arruinando su relación matrimonial y su vida.

Estuvo dispuesta a reconocer este hecho como pecado y pedirle a Dios ayuda, a no juzgarlo más de acuerdo con sus propias normas e ideales. Al cabo de un año volví a encontrarme con ella. ¡Se acercó para decirme lo agradecida que estaba del marido que tenía! Todavía él tenía algunos de sus antiguos defectos, pero ella había descubierto que también tenía rasgos excelentes, y daba gracias a Dios por él.

¡La mujer de temperamento melancólico tiene tanta riqueza potencial! Debido a su fidelidad natural, cuando se entrega a Jesucristo y hace de Él su Salvador y Señor, el Espíritu Santo convierte su personalidad en una de las más dedicadas y devotas a Dios.

5

Conozca a Felisa Flemática

*F*elisa Flemática no sólo es introvertida; es superintrovertida. Tiene un espíritu agradable y tranquilo, trabaja bien estando bajo presión, y tiene tan poca ira natural que posiblemente transcurra toda su vida sin llegar nunca a «explotar». Quienes la conocen admiran su temperamento pacífico, jamás alterado y bien equilibrado. Es el epítome de la confiabilidad, casi nunca llega tarde, y jamás ofende a nadie. Felisa tiene muchos amigos... en parte porque es muy buena para escuchar. Raramente traiciona la confianza puesta en ella. No sólo por su naturaleza agradable, sino, porque generalmente es muy diplomática. Es una pacificadora tan pronto empieza a caminar y hablar. Incluso en la guardería, ella es la niña que usualmente lleva juguetes a los niños que lloran. Y es que a Felisa no le gusta que la gente esté descontenta. Es la persona más fácil de querer a lo largo de la vida.

Los niños de Felisa Flemática son particularmente bendecidos, porque Felisa tiene por lo general «la paciencia de una santa» y dejará de lado cualquier cosa a fin de atender a su preescolar. Sus niños raramente están necesitados de afecto y a menudo crecen teniendo una buena imagen propia. A través de sus actos, las mamás flemáticas generalmente comunican un genuino amor por sus hijos. A la hija de una mamá flemática por lo general le son enseñados los elementos básicos de quehaceres domésticos y tal vez sea diestra en estos asuntos aun antes de llegar a la escuela secundaria. Lo que a usted se le ocurra —cocina, costura, ser madre— Felisa lo puede. La paciente Felisa Flemática es una buena maestra, ya sea en casa o en la escuela primaria.

En el mundo de hoy de difíciles relaciones laborales entre trabajadores y gerentes, muchos ejecutivos de las compañías buscan mujeres de tipo Felisa Flemática para ocupar puestos gerenciales por causa de su naturaleza diplomática y sensibilidad a las personas.

Profesionalmente, Felisa es bien conocida por su silenciosa eficiencia. Es a la vez creativa y organizada. Alguien dijo una vez: «Los flemáticos incluso tienen organizado el polvo sobre su escritorio». Uno de nuestros hijos demostró fuertes tendencias flemáticas en su etapa de desarrollo. Cuando estaba en la escuela secundaria nunca se iba a dormir sin colocar sus monedas en prolijas pilas según su tamaño y valor. El hecho de que se las metería al bolsillo a la mañana siguiente no marcaba diferencia alguna. Felisa es así. Su guardarropas estará impecable con todo colgado en perchas, en un orden apropiado y agrupado por vestidos, faldas, enaguas, blusas, trajes, etc. Hasta he sabido de una flemática que además ordenaba su ropa agrupándola por colores (y, por supuesto, toda la ropa estaba colocada de modo que el frente mirase para el mismo lado).

Es posible que Felisa no tenga el mismo nivel elevado de inteligencia que Marta Melancólica, pero tampoco tiene su mismo nivel elevado de susceptibilidad a la autodestrucción emocional. El sentido de organización de Felisa, su serena constancia y su confiabilidad hacen que a la larga logre sus metas y la capacitan para desempeñarse bien en las pruebas. Por lo general es también buena en ortografía y aprende rápidamente. Uno de los rasgos que más ayuda a Felisa es su perspectiva práctica de la vida. El suyo es el temperamento que disfruta de los rasgos artísticos del melancólico y de los rasgos prácticos del colérico. Y a pesar de que por lo general evita el liderazgo, es una buena líder si se ve forzada a llevar a cabo dicha tarea. A decir verdad, en el mundo de hoy, de difíciles relaciones laborales entre trabajadores y gerentes, muchos ejecutivos de las compañías buscan mujeres del tipo Felisa Flemática para ocupar puestos gerenciales por causa de su naturaleza diplomática y sensibilidad a las personas. Raramente ofenden a alguno. Cuando Felisa ocupa una posición de liderazgo, generalmente es porque tiene un plan para lograr sus objetivos. A otros también les agrada trabajar con ella porque nunca intenta nada al azar. El lema de Felisa es: «Siempre se debe planificar de antemano para poder lograr más con menor actividad». Su mayor debilidad gerencial (y a menudo matrimonial) es su dificultad para la confrontación. En lugar de enfrentarse a un empleado o un cónyuge, Felisa Flemática permitirá que un comportamiento inadecuado siga ocurriendo durante un tiempo demasiado prolongado.

A la lista de rasgos buenos de Felisa, se puede agregar su sentido del humor. Tiene un humor seco que puede ver algo gracioso en la mayoría de las situaciones. Lo utiliza para disolver momentos tensos y extender un manto de paz. No cuenta muchos chistes como los de temperamento sanguíneo, sino que simplemente dice cosas graciosas. Por lo general es su sentido de humor seco lo que hace que otros rompan en risotadas, mientras ella ni siquiera llega a sonreír. La mayoría de los artistas cómicos que elaboran su propio material son predominantemente flemáticos. La otra cara de este don es que Felisa por lo general convertirá su humor en una forma de arte, a fin de evitar involucrarse ella misma. No hay nadie como Felisa Flemática para negarse al mejor argumento que usted le presente intentando lograr que ella se comprometa con algo, sin llegar a ofenderlo a usted.

Por causa de estos dos rasgos, raramente encontrará una flemática con problemas emocionales que requieran consejería, a no ser causados por su cónyuge o hijos. Esto se da básicamente por dos motivos. Felisa Flemática casi siempre aplaca el enojo con una respuesta blanda, porque ese es su estilo de procurar la paz. El otro es su sentido del humor. Por fuera, Felisa mira la vida, las personas y los acontecimientos a través de gafas de humor, y por dentro posiblemente se cuestione porqué una persona dijo lo que dijo y cuál era el significado oculto.

Pero por agradable, amable y disfrutable que resulte estar con Felisa Flemática, ni siquiera ella es perfecta. A decir verdad, si no son controladas desde temprano, las debilidades pasivas de Felisa a la larga se presentarán y harán que se convierta en una fuente de irritación. La principal de dichas debilidades es la disposición egoísta de Felisa. Todos los temperamentos tienen el problema del egoísmo, porque forma parte de nuestra naturaleza caída. Pero Felisa es egoísta, autoprotectora y, en algunos casos, tacaña.

Pregúntele a cualquier camarera, y le dirá que las flemáticas son quienes dan las propinas más pequeñas de todos los temperamentos. Conozco una flemática que está casada con un esposo sanguíneo muy sociable. El da propinas generosas, pero a su esposa le desagrada tanto el tamaño de sus propinas que se queda a la mesa el tiempo suficiente para reducir dicha cantidad a la mitad.

Y no sólo es egoísta con el dinero. También tiende a proteger su tiempo, su energía y sus emociones. A Felisa a veces le cuesta aprender a amar a otros (exceptuando a sus hijos y a su esposo). En ocasiones, incluso, ellos reciben menos amor de lo que debieran. Posiblemente no se dé cuenta de ello, pues Felisa es muy protectora. Si usted la lastima una vez, será la última vez que lo haga... la próxima vez se protegerá.

Además, Felisa puede ser muy obstinada. Eso puede causarle sorpresa cuando piensa en sus amigos flemáticos, especialmente si no tiene con ellos una relación muy cercana. Debajo de ese gentil espíritu acomodaticio, por lo general hay una veta obstinada de acero en lo que respecta a asuntos de profundo interés para Felisa. Comprenda, sin embargo, que Felisa es muy diplomática. Este puede ser el motivo por el cual a Felisa no se le conoce como obstinada, porque a menudo utilizará el humor, la diplomacia y la gracia para llevar a cabo su voluntad. Pero esté seguro de lo siguiente: si Felisa quiere que se haga su voluntad, lo logrará. De niños, los flemáticos rara vez desafiarán a sus padres diciendo: «¡No haré eso! No puedes obligarme a hacerlo». Eso suena más al niño colérico de voluntad férrea. Pero Felisa Flemática, de niña, sencillamente no obedecerá la directiva de su mamá si no desea hacerlo. A menudo he dicho que los niños flemáticos no harán lo que no quieran hacer y a pesar de ello son más agradables que cualquier otro. Pero tenga la seguridad de esto: si no desean hacer algo, no lo harán. Tal comportamiento puede generar gran irritación en un matrimonio. Y como es probable que Felisa se case con un colérico de voluntad férrea, no es raro que experimenten un «matrimonio de tire y afloje».

Una de las características de Felisa que la limita en cada aspecto de su vida es la tendencia a ser de naturaleza pasiva. Por un lado es posible que sea paciente, pero por otro lado parece desarrollar una batalla de por vida con la ley de la inercia. Cuanto más aumenta de edad y más lenta se vuelve, más pierde la batalla. Esto puede resultar irritante para un cónyuge al cual tal vez le agrade tener invitados con frecuencia, ya que la autoprotectora Felisa encontrará varias razones diplomáticas para no tener invitados. De niña dará vueltas y perderá más tiempo que cualquier otro niño de la clase. La tarea escolar puede ser una interminable batalla de voluntades. En su adolescencia, los flemáticos pueden dejarse llevar por la fantasía más rápidamente y por más tiempo que cualquier otro, y nunca finalizar sus tareas. Y de adultos, los flemáticos se sobreprotegerán de involucrarse en algo. A lo largo de sus vidas, si hay algo en lo que trabajan con esfuerzo, es en evitar involucrarse intensamente. A decir verdad, las Felisas Flemáticas de este mundo necesitan entender que justamente ellas son del temperamento que debiera tratar de aceptar más de lo que piensan que pueden hacer, porque esto ayuda a motivarlas. Cuando aparecen las oportunidades, las flemáticas no debieran rechazarlas o evitarlas porque «exigen demasiado tiempo y esfuerzo». En lugar de eso, debieran decidir si es la voluntad de Dios y luego aceptar la oportunidad. Como no son automotivadas por naturaleza, las flemáticas debieran aceptar formas externas de presión a fin de ayudarlas a lograr más y, a la larga, quererse más.

Felisa Flemática también lleva consigo un síndrome de temor, preocupación y ansiedad. Eso, combinado con su naturaleza pasiva, produce una fuerte posibilidad de que Felisa nunca llegue a cumplir su potencial. Incluso en su primera actuación en el programa de Navidad de la Escuela Dominical, Felisa revelará su tendencia básica al temor cuando acabe llorando o quede muda mientras los demás niños están cantando. A no ser que sean conquistados por el Espíritu Santo y la Palabra de Dios, los temores de Felisa dominarán su vida y nunca vivirá la vida de fe de un creyente. No es raro que las Felisas de la iglesia, quienes de otro modo pueden ser muy dedicadas a Dios, se nieguen a toda posibilidad de servicio cristiano. Felisa constituye una buena obrera para la sala cuna o maestra para la primaria, pero es raro que acepte las responsabilidades del trabajo con adultos.

Conozco un poco esta característica. Durante muchos años limité mi enseñanza al departamento juvenil de la Escuela Dominical, porque permití que mis temores me impidieran enseñar una clase bíblica para adultos. En mi temprana adolescencia, se me enseñó cómo trabajar con niños y cómo guiarlos a Cristo. Pero siendo esposa de pastor, me escondía detrás de él trabajando con los niños y tenía a mi esposo como el orador adulto de nuestra familia. Fue un día emocionante para mí (y un tanto atemorizante) cuando boté el cascarón de autoprotección y me rendí a Dios para que hiciese lo que Él decidiese hacer conmigo. Por fe me ha conducido un paso a la vez, a un modo de vida conmovedor que nunca soñé fuese posible cuando era dominada por los temores. Hoy tengo el privilegio de ser la presidenta de la mayor organización femenina, a favor de la familia, de la nación, donde me relaciono constantemente con mujeres y hombres adultos. Ha sido de gran bendición darme cuenta de que, la temerosa y joven esposa de pastor de antaño, ha sido transformada por el ministerio del Espíritu Santo. Si usted me hubiese dicho hace 25 años que algún día habría de conducir mi propio programa radial diario con una audiencia de casi un millón de personas, habría sido la primera en decir «¡imposible!» o «¡de ninguna manera!». Pero eso es incredulidad. Ahora puedo decir con sinceridad que, para la gloria de Dios, he llegado hasta aquí por fe. ¡También usted puede hacerlo! Dios tiene preparado algo especial para usted.

Veamos ahora algunos de los rasgos característicos de Felisa Flemática y también una lista de cómo las debilidades de Felisa pueden ser modificadas cuando están sujetas al Espíritu Santo.

> Puntos fuertes de las emociones de Felisa Flemática:
>> Confiable y equilibrada
>> De buen carácter y fácil de congeniar
>> De ánimo alegre y humor placentero, aunque de pocas palabras
>> Bondadosa
>> Conciliadora
>
> Debilidades emocionales:
>> No tiene confianza en sí misma
>> Pesimista y temerosa
>> Se aflige y preocupa con facilidad
>> Rara vez se ríe en voz alta
>> Pasiva e indiferente
>> Se acomoda a las circunstancias
>> Recta en su propia opinión

Mediante el Espíritu Santo, su carácter apocado y su

hábito de afligirse por todo, serán sustituidos por una confianza en sí misma fundada en la vida llena del Espíritu
Santo. Su pesimismo gradualmente se cambiará en optimismo.

Puntos fuertes de la relación de Felisa Flemática
con otros:
Su compañía es agradable
Amistades numerosas
Sentido del humor agudo y reservado
Conciliadora y de efecto sedante sobre los
demás
Constante y fiel
Diplomática y pacificadora
Sabe escuchar
Es fiel a sus amigos
Da consejos sólo si se los piden

Debilidades en sus relaciones:
Rehuye comprometerse
Egoísta y mezquina
Analiza a las personas con indiferencia
Carece de entusiasmo
Puede ser terca
Es indiferente hacia los demás
Causa molestias a quienes le disgustan
No se caracteriza por ser cordial
Asume actitud de superioridad

Por medio del Espíritu Santo, nacerá en ella una actitud
nueva, de amor hacia la gente, y sentirá deseos de comprometerse con los demás. Su espíritu de egoísmo e indiferencia también cambiará.

Puntos fuertes de las actividades de Felisa
Flemática:
Trabajadora eficiente si se le exige
Usa métodos de trabajo prácticos y sencillos
Conservadora
Hábil y prolija
Planifica su trabajo antes de empezar
Influye apaciguadoramente en los ánimos
Es confiable en lo que emprende

Debilidades en sus acciones:
Espectadora calma y serena de la vida; no se
    compromete
Lenta y perezosa
Acepta el liderazgo a desgano
Carece de motivaciones
Indecisa
Se autoprotege de situaciones
    comprometedoras
Apaga el entusiasmo de los demás
Se resiste a los cambios

El Espíritu Santo ayudará a Felisa a perder su lentitud
y su pereza. También desarrollará motivaciones para el trabajo, a medida que se vincule y perciba las necesidades de
quienes están a su alrededor.

Algunas de las ocupaciones y pasatiempos de
Felisa Flemática:
Ama de casa
Madre
Contadora
Consejera
Maestra de primaria

Manualidades
Líder, pero a desgano
Administradora
Modista
Secretaria
Experta en cocina
Aficionada a espectáculos deportivos

Las mayores necesidades de Felisa Flemática en lo que se refiere al crecimiento espiritual:

1. Superar su pasividad

2. Aprender a dar de sí misma

3. Dejar de actuar como si fuera una cristiana y empezar a confiar en Dios para todo

4. Admitir que su ánimo temeroso es pecado y entregárselo a Dios

5. Andar día a día bajo el control del Espíritu Santo

6. Reemplazar sus temores naturales, con la fe en nuestro Señor viviente, la cual le capacitará para aceptar los proyectos que, de otro modo, rechazaría rápidamente, limitándose así por medio de su incredulidad.

SUMARIO

La complaciente y pacífica Felisa Flemática es probablemente la que mejor se relaciona con sus semejantes, gracias a su naturaleza placentera y equilibrada. Suele mantener a la distancia a los demás y se protege evitando comprometerse demasiado con las personas o con el trabajo. Su principal necesidad es reconocer que su actitud temerosa, que no proviene de Dios, limita decididamente su efectividad en relación con Cristo. Debe reconocer que su indolencia es pecado; entonces, por medio de Cristo, Felisa podrá brindarse a otros. Es una persona de mucha capacidad cuando llega a liberarse de sí misma y permite que Dios la controle.

Existen muchas mujeres con este temperamento entre mis conocidas en todo el país, pero muy pocas de ellas están dispuestas a pedir consejo, aun cuando reconocen que tienen problemas. Una de ellas en particular me viene a la mente. Era la persona más introvertida y pusilánime que jamás he conocido. Sus amigos nunca sospechaban que bajo su calma superficial, había un conflicto interior tremendo. Le gustaba aparentar ser muy calmada, autosuficiente y capaz. Pero un día se desarmó su caparazón y me confesó que la imagen dada al público nada tenía que ver con lo que se estaba desarrollando dentro de ella. (Hasta los temperamentos flemáticos pueden llegar a un punto de crisis.)

Me confesó el miedo que le infundía la gente y lo incapaz que se consideraba a sí misma. Cada vez que le pedían aceptar formar parte de alguna comisión, se evadía con alguna excusa sin importancia. Esta actitud la venía repitiendo en muchas ocasiones donde se requería algún tipo de liderazgo o ministerio. Fue entonces cuando supo que estaba desperdiciando numerosas oportunidades de servir a Cristo a causa de su indiferencia y su temor. Tanto su esposo, como sus hijos eran activos en la iglesia, pero ella se mantenía al margen de todo; sin involucrarse, indiferente y enteramente negativa. Finalmente, esto comenzó a aflorar en su actitud hacia la iglesia y hacia el hogar. Hasta cuando se vio precisada a enfrentar la realidad de vivir, prácticamente, en «escombros» espirituales. Su esposo y sus hijos la estaban dejando atrás, como resultado de su temor y egoísmo. Le leí en la Biblia, en 2 Timoteo 1.7: «Porque no nos ha dado Dios espíritu de cobardía, sino de poder, de amor y de dominio propio»; ella confesó, sinceramente, su pecado a Dios y pidió ser llena del Espíritu Santo para que Dios pudiera hacer una hermosa obra en su vida. Su deseo no se limitaba a ser capaz de tener responsabilidades en la iglesia; anhelaba convertirse en una cálida mujer de Dios, llena de amor y de ternura hacia los demás, libre de los temores que la esclavizaban interiormente.

He sido testigo de cómo esta Felisa, paralizada por su miedo interior, se fue convirtiendo en un hermoso ejemplo de mujer llena del Espíritu Santo. Su esposo y sus hijos están orgullosos y contentos con esta nueva mujer en el hogar. Ha sido como ver a un pimpollo abierto en su total madurez, convertido en una flor llena de perfume, capaz de dar gozo y dejar su aroma en todos los que están en contacto con ella.

6

Conozca a
Clara Colérica

*Clara Colérica decidamente es una extrovertida con perso-
nalidad dinámica*. Tiene condiciones naturales de líder y
raramente vacila en decir a otros qué hacer... tenga autoridad para hacerlo o no. Nunca carece de algo para hacer. Si
su ambiente no le brinda suficiente actividad, a su mente
febril se le ocurrirá más que suficiente para mantenerla
ocupada 24 horas por día.

Una de mis hijas es predominantemente colérica. Yo no
sabía nada acerca del temperamento cuando ella tenía cuatro años, pero reconocía que tenía condiciones naturales de
líder. Al escucharla jugar mientras se ocupaba de dar órde-
nes a sus amigos, pude observar cómo «dictaba clases en la
escuela». Lo interesante era que los tres niños a los cuales
enseñaba estaban en el jardín de infantes y en primer grado,
pero ella había tomado el mando como maestra y les decía
a todos lo que debían hacer... siendo que ella sólo tenía cuatro años y nunca había asistido a la escuela. Las técnicas de
liderazgo pueden ser enseñadas, como hemos visto, pues

los flemáticos pueden aprender a ser líderes. Pero los coléricos lo traen de nacimiento.

A Clara le encanta la actividad. Sus amigas a menudo la ven como una máquina en movimiento perpetuo. Muchos se maravillan de cuanto logra hacer y se preguntan en voz alta de dónde saca toda la energía. Su medio ambiente puede estimularla, pero no depende del mismo, ya que por lo general ella estimula su medio ambiente. Para Clara es de suma importancia fijar metas, lo cual puede explicar esa energía ilimitada. Su mente laboriosa siempre encontrará algo para hacer, y casi todo lo que hace es significativo. Por naturaleza es práctica, y tiene poco aprecio por la música, el arte o las cosas estéticas de la vida. Preferiría organizar un concierto como medio de recaudar fondos para su organización preferida, que asistir a uno.

En cuanto a la determinación, a Clara Colérica le sobra. Es por eso que generalmente tiene tanto éxito en la vida (en todo aspecto, excepto las relaciones interpersonales).

Algunos coléricos han aprendido a convertirse en músicos, pero su habilidad puede acreditarse a un padre, igualmente colérico, que los obligó a pasar horas practicando su instrumento. Y cuando tocan, su música carece de emoción, es más mecánica. Nuestra iglesia entrevistó una vez a una pareja para cubrir el cargo de ministro de música. La esposa tocó el piano para nuestro culto de la noche de manera impecable (pero, debiera agregar, carente de expresión). El poco sentimiento que lograba comunicar en su estilo era creado por su esposo melancólico que hacía los arreglos o escribía toda su música, a pesar de nunca haber recibido una lección de piano. Sin embargo él tenía ese «sentimiento» por la música que es casi imposible de adquirir, pues de otro modo Clara lo habría tenido por pura determinación.

En cuanto a la determinación, a Clara Colérica le sobra. Es por eso que generalmente tiene tanto éxito en la vida (en todo aspecto excepto las relaciones interpersonales). Ella decide hacer algo, y lo lleva a cabo. ¡Ay del hombre o la mujer que le impide el paso! La esposa del presidente Clinton, Hillary, es un típico ejemplo de una determinada Clara Colérica que apunta hacia metas establecidas. Su ejemplo quedó claro cuando se decidió a desarrollar un programa universal para atención de la salud de los estadounidenses. Finalmente, su método de planificación de este proyecto radical fue desafiado en las cortes, y el programa cayó bajo su propio peso. Pero ella no quedó destruida. Por su temperamento colérico, Hillary Clinton se levantó y salió a emprender con ímpetu otro proyecto.

Clara Colérica puede usar el encanto femenino para lograr lo que quiere si esto cumple su propósito, particularmente si su segundo temperamento es sanguíneo o melancólico. Como veremos, los sanguíneos son encantadores y los melancólicos son actores. Aunque el encanto no es rasgo de Clara, si la situación lo requiere, puede actuar el rol con tal de estar sobre el escenario. Una vez que regresa al mundo real, entran en juego sus rasgos genuinos y pierde el encanto adoptado. Algunas Claras hasta pueden ser crueles, cortantes y abusadoras de otros.

Los coléricos a menudo son considerados más inteligentes de lo que son en realidad. Esto se debe a su mente activa que siempre está pensando y es invariablemente práctica. Los coléricos carecen del genio del melancólico inventor creativo, pero poseen las destrezas organizadoras del fabricante productivo. En el mundo de los negocios por lo general encontrará coléricos en la cima del escalafón salarial o como dueños de su propio comercio. En mi trabajo, frecuentemente estoy ubicada en la posición contraria a feministas coléricas, al oponerme a muchos de los excesos antifamilia del movimiento feminista. A decir verdad, la mayoría de las líderes de ese movimiento, son coléricas de férrea voluntad que no tienen gran aprecio por los hombres, ni por ninguna otra persona que se les oponga. Excepto que tengan un esposo muy pasivo, a las mujeres como esas les resulta muy difícil mantener un buen matrimonio. Las esposas coléricas frecuentemente luchan con el rol bíblico de sumisión. Y la mayoría de los hombres no soporta ser dominado por una mujer en el hogar, lo cual produce su propia larga lista de conflictos emocionales y de personalidad. Sólo puede haber una cabeza de familia para evitar que se produzca desarmonía matrimonial. Y esa cabeza debiera ser el marido, no sólo para bien del matrimonio, sino también para los hijos. Muchas Claras Coléricas han aprendido la sumisión de la esposa por obediencia al Señor y gozan ahora del amor inquebrantable de su esposo e hijos. Pero si es fuertemente colérica (algo así como 60 a 75% de mezcla colérica), no será muy fácil. La esposa de Abraham, Sara, aportó un buen ejemplo de esa lucha en la Biblia.

La mayoría de las mujeres prefiere un fuerte amante líder en el hogar, porque sus tendencias básicas naturales van hacia ser madre, brindar educación y dar aliento. Y cuanto mayor es una mujer, más desea apoyarse en su esposo para seguridad tanto financiera como emocional. Desafortunadamente, si una mujer empieza a dominarlo desde el principio de su matrimonio, acaba alejándolo de su vida, quedándose así con una vida a solas, o creando un hombre débil a quien, finalmente, no respeta ni quiere. Este cuadro no resulta agradable ni siquiera para una fuerte colérica.

Siendo esposa de pastor, he notado que las Claras Coléricas de la congregación pueden ser una gran bendición o una gran fuente de problemas en la iglesia. Nadie logra hacer las cosas con mayor rapidez que Clara, motivo por el cual inevitablemente es elegida presidente de cualquier comisión en la que participe. Si utiliza esa posición como fuente de poder para dominar al pastor del mismo modo que hace con su esposo, provocará verdaderos problemas, y por supuesto, esto no es bíblicamente correcto. Si el pastor es un buen hombre pero un líder débil, Clara puede caminarle por encima e intentará manipular a toda la iglesia para que se haga su voluntad... al fin y al cabo, ella sabe que su modo es lo mejor para todos. Pero si el pastor de Clara es un fuerte líder, se verá obligado a luchar con Clara, lo cual puede derivar en una atmósfera divisoria. Al igual que todos los demás temperamentos, Clara debe ser llena del Espíritu para poder ser útil para Dios. Algunas piadosas mujeres coléricas han puesto en acción sus talentos funcionando como maestras de la Biblia para mujeres adultas. En esa dirección el Espíritu de Dios y su Palabra tienen acceso a su corazón, mente y consciencia, y eso puede tener un efecto revolucionario en su vida.

Las Claras del mundo son extremadamente francas, porfiadas, obstinadas y audaces. Este es un problema para las coléricas que los otros dos temperamentos más introvertidos no tienen, y se hace evidente cuando no son controladas por el Espíritu Santo. Su boca generalmente es su perdición. También se suma su problema natural del enojo, lo cual le hace expresarse con demasiada vehemencia.

Mi esposo, Tim, y yo vimos un ejemplo interesante de una Clara Colérica en una de nuestras congregaciones. Llevábamos en nuestra nueva iglesia aproximadamente un año antes de notar que los de la iglesia temían enfrentarse a Clara Colérica. Ella había atropellado los ministros que antecedieron a mi esposo (un colérico-sanguíneo) y en poco tiempo estaba chocando frontalmente con él. Afortunadamente para nosotros y la iglesia, Tim estaba predicando una serie de mensajes sobre la vida llena del Espíritu e intentaba desesperadamente por primera vez en su vida vivir de ese modo. Pero he aquí una mujer que había intimidado a todos para que elegirla a ocupar posiciones en comités desde donde pudiese dirigir la iglesia.

Al predicar Tim sobre las características de una mujer recta y llena del Espíritu, ella obviamente se quedaba muy corta. Había dejado un reguero de cuerpos muertos, o de heridos andantes, en esa congregación, para poder ser descrita alguna vez como llena de amor, gozo o paz. Cuando no lograba lo que quería pataleaba y, según el decir de ella, «les dejaba en claro mi opinión». No le llevó a la congregación mucho tiempo darse cuenta de que esta mujer de férrea voluntad, airada, trabajadora y capaz, no era una mujer espiritual; era egoísta, hostil y carnalmente decidida a lograr su voluntad. En poco tiempo, todos se habían cansado de ella y la dejaron de lado, lo cual le resultaba intolerable. A la larga trató de andar en el Espíritu, pero en el mejor de los casos resultó ser un esfuerzo que iba y venía durante años. Pues a pesar de creer en la vida llena del Espíritu, como resulta típico en el caso de muchos coléricos, ella pensaba que era para otras personas.

Muchas iglesias, sin embargo, se han beneficiado grandemente por medio de algunas coléricas muy capaces. Pero me temo que bastantes Claras Coléricas se han perdido por el desagüe de la voluntad propia y la determinación de hacer las cosas «a mí manera». Sin embargo, es posible que Clara Colérica ande en el Espíritu y que sea totalmente transformada. Si usted lo duda, estudie la vida del colérico apóstol Pablo. Para ser usada por Dios, las Claras Coléricas deben hacer dos cosas:

1. Andar en el Espíritu y día a día procurar hacer la voluntad de Dios y no la de ellas.

2. Obtener la victoria sobre su lucha de toda la vida, con la dañina emoción del enojo, y reemplazarla con amor, gozo y paz del Espíritu Santo.

Puntos fuertes de las emociones de Clara Colérica:
    Confiada y líder por naturaleza
    Voluntad tenaz y autodeterminación
    Optimista
    Autosuficiente
    Audaz y valiente

Debilidades emocionales:
    Problemas con su carácter violento
    Sumamente porfiada
    Insensible a las necesidades ajenas
    Poco emocional y fría
    Poco aprecio por detalles estéticos
    Carente de simpatía y cortante
    Impetuosa y violenta
    Le disgustan las lágrimas

El peor enemigo de Clara Colérica es el problema de su violenta ira. Pero ella puede tener la expectativa de que el Espíritu Santo la ayude a poner esto bajo control, al rendirlo a Dios.

Puntos fuertes en las relaciones de Clara Colérica:
No exige a los demás lo que ella misma no
    puede hacer
No pierde el ánimo con facilidad
Es una líder llena de firmeza
Sabe juzgar a la gente
Logra motivar a los demás
Sabe exhortar
No se amilana ante las circunstancias

Debilidades en sus relaciones:
Poco compasiva
Toma decisiones por otros
Cruel, cortante y sarcástica
Tiende a ser dominante en un grupo
Arrogante y dictatorial
Usa a la gente para su beneficio
Le cuesta perdonar y es vengativa
Se inclina a ser intolerante
Altiva y dominante

El Espíritu Santo dará a Clara un corazón compasivo y
la capacitará para llegar a ser más perdonadora y considerada, menos sarcástica y dictatorial, y para tener mayor disposición de escuchar las preocupaciones de otras personas.

Puntos fuertes de las actividades de Clara
Colérica:
Buena organizadora y promotora
Decidida. Posee intuición para tomar
    decisiones acertadas
Reacción rápida y decidida ante emergencias
Perspicaz y aguda
Gran capacidad de acción

Nunca vacila
Sumamente práctica
Sabe estimular a los demás para el trabajo
No la desalienta la oposición
Se propone metas y las alcanza

Debilidades en sus acciones:
Demasiado segura de sí misma
Inclinada a proceder con astucia
Prejuiciada
Porfiada
Impaciente con los detalles
Poco analítica
Fuerza a los demás a acomodarse a su plan de
    acción
Fastidiosa y difícil de complacer
Sólo tiene tiempo para sus propios planes y
    proyectos

A través del Espíritu Santo, Clara Colérica procurará ser de mentalidad más abierta y menos porfiada. Se dará cuenta de que otras personas tienden a tener muy buenas ideas también, y dedicará sus esfuerzos al logro de los proyectos que otros presenten.

Algunas de las ocupaciones y entretenimientos de
Clara Colérica:
Líder
Carrera profesional
Presidenta de agrupaciones femeninas
Anfitriona
Secretaria ejecutiva
Deportista
Presidenta de asociación de padres y maestros

Administradora

Maestra de secundaria

Trabajadora de distritos electorales

Funciones bancarias importantes

Participa en campañas

Sumario

La despierta y vigorosa Clara Colérica puede superar en productividad a los demás temperamentos juntos. Sin embargo, para lograr sus metas probablemente ha ofendido y pisoteado los sentimientos de temperamentos menos agresivos, que tal vez se atravesaron en su camino. Cuando permite que el Espíritu Santo suavice su insensibilidad hacia otras personas y aprende a amar con corazón compasivo, Clara Colérica puede llegar a ser una entusiasta obrera para la causa de Jesucristo.

■ ■ ■ ■ ■

Una noche estaba de pie, delante de mí, derramando su corazón atribulado, una Clara Colérica muy alterada. Cuando Clara Colérica llega a este punto, ha debido pasar por una experiencia demasiado traumática, que no puede controlar ni manipular. Esta Clara estaba frustrada, enojada y destruida, y finalmente se había acercado a mí buscando ayuda.

Yo había terminado de hablar en la primera sesión de un retiro de fin de semana, para mujeres. Había presentado el tema de los cuatro temperamentos con sus puntos fuertes y debilidades correspondientes. Al desarrollar las características del temperamento colérico señalé que, las mujeres con este temperamento, son aquellas que generalmente están incansablemente en actividad, dominando la situación y tomando decisiones por quienes se encuentran a su alrededor. Además, suelen ser mujeres hostiles, y hasta crueles. El Espíritu Santo debe haber usado esta descripción para llegar al corazón de dicha Clara. Evidentemente, en ella había todo eso y mucho más. Con lágrimas ardientes me contó cómo su hijo de quince años había terminado por irse del hogar después de una larga historia de conflictos con ella. Había mangoneado a su marido de una forma y de otra, tratando de dominarlo, hasta, finalmente, empujarlo al alcoholismo. El pastor de la iglesia trató de ayudarla en años anteriores, pero ella rechazó su ayuda con enojo. En un arranque de furia le dijo cuanto pensaba a la congregación y ahora le quedaban muy pocos amigos. Es más, ni siquiera los parientes querían pasar las vacaciones con ella, pues generalmente no terminaba el día sin tener una explosión de ira por alguna razón. Habiendo llegado al final de sus reservas, esta buena mujer terminó permitiendo el Espíritu Santo hablar a su corazón acerca de su condición miserable.

Oramos juntas, pidió perdón por su desdichada actitud pecadora, y rogó ser llena del Espíritu Santo. Clamó especialmente la capacidad de expresar amor a los demás, que la gente en realidad le resultara agradable, y poder dominar su temperamento violento. Me hubiera gustado terminar diciendo que después de esta oración, pidiendo perdón a Dios, su hijo volvió al hogar y su marido dejó de beber. Pero, lamentablemente, deberá sufrir todavía las heridas causadas a los miembros de su familia. Sólo le queda confiar en que Dios la transforme a tal punto que su familia, pueda ver el cambio en su vida y, desee volver. Si ella hubiera sido capaz de tomar esta decisión mucho antes, y aceptado el consejo de su pastor, podría haber evitado las amarguras y el dolor causados por su enojo.

7

Conozca a Sara Sanguínea

*S*ara Sanguínea es el temperamento superextrovertido, con
personalidad amante de la diversión, que siempre es el alma de las
fiestas. Tiene una disposición cálida y feliz muy contagiosa.
Sara también tiene carisma de sobra y natural habilidad de
levantar el ánimo de otros, a menudo logra motivarlos a
nuevas cumbres de éxito, felicidad y realización. Sara seguramente fue porrista en la escuela secundaria y en su paso
por la vida procura levantar el ánimo de otros y traer gozo
a sus vidas. Es vendedora por naturaleza y narradora de
cuentos fascinantes.

En el instante que Sara entra a la habitación, empieza a
levantar el ánimo de otros. No se puede hacer una fiesta sin
ella, porque les hace sonreír con su charla incesante y su
lista de chistes y experiencias graciosas. Ama a las personas
y disfruta el hablar; se ha dicho más de una vez que una
sanguínea entra a una habitación de boca. Pero seguramente sea la persona más amistosa que llegue a conocer jamás
y tiene la sorprendente habilidad de derretir incluso a la
personalidad más gélida. Los melancólicos generalmente

se resisten de entrada al espíritu alegre del sanguíneo, por considerarlo «alejado de la realidad», pero, incluso ellos, aguardan con entusiasmo su amistad. Como dijo una melancólica: «Me siento tan bien estando con Sara Sanguínea. Ella me ayuda a dejar de pensar en todos mis problemas».

ॐ ──────────────────────────────

> *Sara Sanguínea está en el negocio del buen humor. Reparte optimismo y alegría dondequiera que va. Raramente se topa con un desconocido, pues en treinta segundos éste tiene la sensación de ser su amigo perdido hace ya mucho tiempo.*

────────────────────────────── ॐ

Quizás por eso los melancólicos suelen casarse con sanguíneos. Ellas les hacen sentir bien. Pero después de casarse, a menudo los melancólicos pueden ser empujados a la irritación y la distracción cuando sus cónyuges sanguíneos revelan sus costumbres desastrosamente desorganizadas e indisciplinadas.

Sara Sanguínea está en el negocio del buen humor. Ella reparte optimismo y alegría dondequiera que va. Raramente se encuentra con un desconocido, pues en treinta segundos éste tiene la sensación de ser un amigo perdido desde hace mucho tiempo. Tampoco espera que otros individuos, menos animados, inicien una conversación, pues siempre se puede confiar en que Sara abra la puerta de la conversación. En los ascensores es Sara Sanguínea quien primero habla, tranquilizando a los demás. Ella considera el silencio en grupo como un desafío para lograr que las otras personas hablen. Pero Sara Sanguínea debe cuidarse de su abierta

amistad para no ser interpretada como coqueta. Desafortunadamente, es necesario aprender a edad temprana, que un
inocente saludo puede ser percibido erróneamente como
un avance.

A Sara nunca le faltan las palabras, aunque parte de su
charla espontánea puede volverse un tanto hueca. La frase
bíblica «tu hablar te delata» (Mateo 26.73) ciertamente se
cumple en el caso de Sara, la cual no es una pensadora
profunda; por consiguiente, su conversación la pone en evidencia. Ningún otro temperamento se va de una fiesta o
reunión como Sara Sanguínea, deseando haber dicho menos y escuchado más. Se convence ella misma de que «todos
saben cuán superficial soy en realidad». Y lo dice con sinceridad. Se compromete a «mantener cerrada mi bocota» la
próxima vez y así lo hace (hasta encontrarse con gente, y en
ese momento se pone a hablar a toda máquina). Casi parece
que el ver a la gente se le abre la boca a Sara.

El lado emocional de la vida de Sara siempre está a nivel
de la superficie. Puede llorar por naderías. Y no hace falta
gran cosa para producir esas lágrimas: una nota periodísti-
ca, boletas del lavadero, o aves que sobrevuelan. El lado
bueno de esto: Sara muestra compasión hacia otros con facilidad. El lado malo: Sara carece de control emocional
(aunque, para ser justos con Sara, a menudo puede reír con
la misma facilidad con que llora... en ocasiones sin motivo
y a veces con volumen demasiado elevado). Esta facilidad
para oscilar en sus emociones frecuentemente da la impresión de que Sara no es emocionalmente sincera. A decir
verdad, Sara sólo es emocionalmente expresiva.

Un resultado de esta capacidad de respuesta emocional
es que Sara puede ser volteada rápidamente en cuestiones
del corazón. A causa de su fuerte deseo de agradar a otras
personas, Sara puede ser llevada fácilmente a la tentación

sexual, a no ser que sus valores morales estén profundamente arraigados en un fuerte carácter. Por otro lado, no se
detiene ante las tragedias de la vida. Sara tiene la capacidad
de olvidar el presente desdichado y se dedicará a procurar
un futuro más feliz (de algún modo ella sabe que se encuentra a la vuelta de la esquina).

Por amorosa y expresiva que sea Sara, también tiene
debilidades de sobra, de las cuales la principal es su frágil
voluntad. La falta de disciplina de Sara, excepto que sea
fortificada por una vida llena del Espíritu Santo, por lo general queda reflejada en cada aspecto de su vida. Le encanta
la comida rica en hidratos de carbono y grasas, y se le nota.
Muchas sanguíneas tienen exceso de peso de catorce kilogramos para cuando llegan a la edad de 30 años, y se puede
esperar un aumento entre 1,5 y 2,5 kilogramos por año, si
no se enfrentan al problema de sobrepeso y desarrollan un
programa disciplinado a fin de vencerlo. Pero no sólo el
peso de Sara muestra su debilidad. Su falta de autodisciplina a menudo resulta en el hábito de hablar demasiado, fra-
casar en el intento de establecer buenos patrones de trabajo
y ceder ante sus excesos emocionales.

Para Sara Sanguínea, el enojo constituye un problema
especial. Por ser tan verbal, Sara frecuentemente es conocida por sus «explosiones airadas». Se diría con justicia que
Sara se arrepiente fácilmente por sus explosiones de enojo
y pide perdón. Por lo general todos sucumben ante sus encantos y la perdonan. Pero después de un tiempo, se cansan
de esa rutina. Sara no sólo pide perdón con facilidad, sino
que por lo general tampoco es rencorosa. Una vez que estalla, se olvida del asunto. Es posible que usted no se olvide,
pero ella sí. Esa probablemente sea la razón por la cual los
sanguíneos no suelen tener problemas de úlceras sangrantes... ¡se las provocan a todos los demás! En contraste, Clara

Colérica, que puede enojarse casi tan rápido como Sara Sanguínea, no se olvida del asunto después de estallar. Clara
puede seguir explotando muchas veces por el mismo insulto, la misma herida o el mismo rechazo... pero no así Sara
Sanguínea. Una vez ha expresado su enojo, Sara está lista
para enfrentarse a su próxima crisis.

Y Sara generalmente vive de crisis en crisis. Esto se debe
a su falta de autodisciplina, su incapacidad para planificar
de antemano y su costumbre de comprometerse a realizar
más de lo que su programa pudiera permitirle que hiciese.
Sara Sanguínea es tan espontánea por naturaleza que le
resulta difícil involucrarse en una planificación a largo pla-
zo. Por consiguiente, su vida está llena de un sinnúmero de
experiencias desastrosas que le han sobrevenido a causa de
su desorganización. Eso quizás le ocasione la impuntuali-
dad, el no pagar a tiempo las cuentas o la falta de cumplimiento de compromisos bien intencionados y alborota su
vida produciendo presiones innecesarias. Es posible que
sea uno de los motivos por los que, a pesar de haber sido
elegida como «la persona con mayor probabilidad de alcanzar el éxito» en la universidad, a menudo Sara se queda sin
alcanzar su pleno potencial en la vida.

Sara es conocida por su costumbre de dejar para otro día
lo que debe hacer. El desafío de realizar la siguiente actividad apaga su motivación a terminar su tarea inicial y llevar
a cabo lo que le ha sido encomendado o aquello a lo cual se
ha comprometido. La mayoría de los sanguíneos preferiría
quedarse sentado con la gente y hablar acerca del trabajo en
lugar de realizarlo. Sara necesita establecer para sí normas
de autodisciplina razonables y cumplirlas. También necesita acabar la tarea presente antes de dedicarse a la siguiente.
Los sanguíneos no son perezosos por naturaleza, pero sí

tienden a participar de mucha actividad sin sentido e improductiva.

Sara Sanguínea también debe desarrollar una resistencia a las ventas. Es verdad lo que dice aquel viejo adagio: «la persona a quien más fácilmente se le puede vender un producto, es a un buen vendedor». Como tal, los sanguíneos no tienen ninguna resistencia a las ventas. Por consiguiente, a menudo están muy endeudados. La buena noticia es que existe gran esperanza para Sara Sanguínea en el ministerio del Espíritu Santo. El apóstol Pedro habría sido conocido como el simpático, encantador bufón de la historia de la iglesia si no hubiese tenido un encuentro con nuestro Señor y con el Espíritu Santo... un encuentro que transformó su vida. Y ese poder está a disposición de cualquier temperamento hoy.

Las dos cosas que más necesita Sara Sanguínea son:

1. Procurar andar en el Espíritu diariamente a fin de traer a su vida disciplina, orden y propósito

2. Obtener victoria y control sobre sus emociones volátiles, particularmente sus estallidos de enojo.

A continuación se mencionan algunas de las características singulares de Sara Sanguínea y cómo las debilidades de este temperamento pueden ser modificadas cuando son controladas por el Espíritu Santo.

Puntos fuertes de las emociones de Sara Sanguínea:
Cálida y vivaz
Tiene «carisma»
Comunicativa, nunca le falta de qué hablar
Despreocupada, no le aflige el futuro ni le molesta el pasado

Compasiva para con otros
Excelente narradora de cuentos
Vive en el presente
Su conversación tiene una cualidad contagiosa
Capacidad fuera de lo común para disfrutar
de todo

Debilidades emocionales:
Llora con facilidad
Es emocionalmente imprevisible
Le cuesta encontrar sosiego
Tiene arranques de enojo
Exagera la verdad
Aparenta falta de sinceridad
No tiene control sobre sí
Toma decisiones emocionales; hace compras
impulsivas
Cándida e infantil
Se expresa con demasiada vehemencia

Sara Sanguínea es una mujer muy emocional. Nunca está muy lejos de las lágrimas y por lo general es emocionalmente inestable. Sin embargo, el Espíritu Santo puede estabilizar sus emociones y calmar su espíritu inquieto. Con la ayuda de Dios puede desarrollar autocontrol y una vida disciplinada.

Puntos fuertes en la relación de Sara Sanguínea
con otros:
Hace amigos con facilidad
Es acogedora
Es optimista y agradable
Se muestra siempre sonriente y amable
No le cuesta pedir disculpas

Es tierna y comprensiva

Conversa con genuina calidez

Comparte las penas y alegrías de otros

Debilidades en su relación con otros:

Quiere dominar la conversación

No presta atención

No tiene fuerza de voluntad y sus
convicciones son débiles

Depende de la aprobación de los demás y
busca hacer mérito

Disfruta de la gente y luego la olvida

Busca excusas para su negligencia

Habla demasiado de sí misma

Se olvida de sus promesas y compromisos

Sara se convertirá en una amiga genuina y mostrará
mayor interés y preocupación por la vida de otras personas,
que los otros temperamentos. Será necesario minimizar la
atención dedicada a sí misma, para ser una sanguínea llena
del Espíritu.

Puntos fuertes de las actividades de Sara
Sanguínea:

Produce una buena impresión inicial

Nunca se aburre porque vive en el presente

Tiene don para cuidar enfermos

No le cuesta empezar planes y proyectos
nuevos

Inspira entusiasmo

Debilidades en sus acciones:

Es totalmente desorganizada

No se puede confiar en ella, no es puntual

Carece de disciplina

Pierde tiempo conversando cuando debería
trabajar
Empieza proyectos y no los termina
Se distrae con facilidad
No logra cumplir sus metas

Los proyectos inconclusos y la desorganización, debieran convertirse en cosa del pasado al ir madurando en su vida cristiana. Con la ayuda del Espíritu Santo, Sara Sanguínea ciertamente llegará a ser una persona más productiva.

Algunas de las ocupaciones y entretenimientos
preferidos de Sara Sanguínea:

Actriz
Conferenciante
Vendedora
Visitadora social, enfermera
Buena cocinera
Trabajadora voluntaria
Consejera en un centro de embarazo de crisis
Madre cariñosa
Madre adoptiva
Líder
Dada a la hospitalidad
Recepcionista
Participa en los deportes

Las mayores necesidades de crecimiento
espiritual de Sara Sanguínea son:

1. Ser más confiable y responsable
2. Desarrollar una vida de mayor autodisciplina
3. Reemplazar su ego con genuina humildad.

Sumario

La locuaz Sara Sanguínea, de cálido corazón, es la más extrovertida de todos los temperamentos. Tiene la singular habilidad de disfrutar cada momento según se presenta. Sin embargo, esto le causa muchos problemas porque a pesar de gozar del momento, Sara generalmente se olvida lo que ha prometido en los instantes anteriores. El Espíritu Santo la ayudará para que llegue a ser más confiable y fiel cuando reconozca su necesidad y pida ayuda a Dios en este aspecto. Sara tiene la potencialidad de llegar a ser una cristiana encantadora y productiva cuando desarrolle autodisciplina y permita que el Espíritu Santo controle su vida.

El temperamento de Sara es el más predispuesto a la alegría y el más extrovertido de todos los temperamentos. Sin embargo, sufre mucho por causa de sus hábitos exagerados y ruidosos, su indulgencia para consigo misma y su voluntad poco firme. Pude ver un ejemplo claro de esto en la vida de una típica Sara Sanguínea. Esta chica era una persona sumamente afectuosa y extrovertida, pero tenía el hábito de reír ruidosamente y sus comentarios, excesivamente fuertes, hacían que sus amigos la mantuvieran a distancia. Su entrada a una habitación siempre estaba precedida de su voz. Su esposo, de temperamento melancólico, se sentía sumamente exasperado por la excesiva charla de ella y por su risa estridente. Estaba constantemente intentando convertirla en una persona más callada, tal como él. Comenzó a sentirse frustrada porque ella, por naturaleza, no tenía un temperamento callado. Para compensar su frustración, comenzó a comer entre comidas y antes de ir a la cama, lo cual la hizo aumentar rápidamente de peso. Y debido a su falta de firmeza y a sus hábitos autocomplacientes, su hábito de comer constantemente se volvió incontrolable. En poco tiempo aumentó casi quince kilos. Este problema causó aun mayor disgusto a su esposo melancólico, debido a la falta de control en que ella había caído. Poco sospechaba que él mismo había sido el causante de esa situación.

Finalmente, con desesperación vino a pedir mi consejo. Primeramente le sugerí que, ella y su esposo, leyeran el libro *Spirit Controlled Temperament* [Temperamentos controlados por el Espíritu], escrito por mi esposo, y aprendiesen los puntos fuertes y las debilidades propias de sus temperamentos. Sentía importante que el esposo melancólico comprendiese que una mujer sanguínea nunca podría ser tan callada como él. Después, era necesario que ella enfrentase su propio problema individual y reconociese que su falta de autocontrol se podía mejorar mediante la plenitud del Espíritu Santo. Debía aprender a ser más disciplinada, más gentil, a tener más sosiego y más fe. Su oración fue una sencilla plegaria pidiendo ayuda no sólo por su problema de obesidad, sino por su risa ruidosa y exagerada. Pidió ser llena del Espíritu Santo y experimentar como resultado el fruto del Espíritu.

Los problemas de Sara no cambiaron de la noche a la mañana. Le fue necesario encomendarse diariamente a Dios pidiendo constante ayuda en todos estos aspectos de su personalidad.

Durante todo este tiempo, su esposo fue creciendo en comprensión hacia ella, hasta llegar a admirar muchas de las cualidades de Sara Sanguínea. Fue consciente de cuánta alegría y regocijo habían penetrado en su vida, gracias a la compañía de su esposa, iluminando su existencia apagada y pesimista.

Sara ha logrado reducir gradualmente de peso y su estrepitosa algarabía se ha ido transformando en risa alegre y tranquila, a la vez agradable y contagiosa. Los dos, constituyen ahora un hermoso ejemplo de cómo pueden complementarse uno a otro, al ser controlados por el Espíritu Santo. Pues sin el Espíritu Santo, los temperamentos opuestos pueden ocasionar fricciones muy dolorosas, atrayendo conflictos a lo largo de toda la vida matrimonial.

8

¿Cuál es su temperamento?

*A*ntes de echarle una mirada a las combinaciones de temperamento, hagamos una pausa para examinar cuál temperamento
sea el suyo. A decir verdad, incluso antes de saber más
acerca de la teoría, es bueno diagnosticar su propio temperamento básico o predominante. Cuanto más sepa respecto
a las diferencias entre los temperamentos, mayor será su
tendencia, en una evaluación, a asignarse un puntaje que
refleje cómo quisiera ser, en lugar de cómo es usted en
realidad. Como ocurre en todas las autoevaluaciones, el
grado de exactitud de la misma, depende de cuán sincero u
objetivo sea con respecto a usted mismo.

&

> *Tenga en cuenta que usted no será
> 100% de un solo temperamento. Eso
> hace a cada uno de nosotros tan sin-
> gularmente diferente.*

&

93

Asumiendo su objetividad, no es difícil diagnosticar cuál, de los cuatro temperamentos básicos es el suyo. Tenga en cuenta que usted no será 100% de un solo temperamento. Eso hace que cada uno de nosotros sea tan singularmente diferente. Como verá, resulta más difícil descubrir su temperamento secundario. Pero como el 60% de su comportamiento es causado por su temperamento primario, comenzaremos determinando dicho temperamento, en primer término, mediante la siguiente evaluación sencilla.

Primeramente, determine si es usted introvertido o extrovertido, lo cual en realidad es bastante sencillo. Responda a las siguientes preguntas con «sí» o «no»:

1. ¿Estando en un grupo, le resulta fácil participar de la conversación?

2. ¿Es usted un conversador espontáneo?

3. ¿Se considera usted una persona activa (en contraposición a una persona más deliberante)?

4. Cuando se enoja, ¿«explota» verbalmente?

5. ¿El liderazgo le resulta fácil?

Si usted respondió «sí» a por lo menos cuatro de las preguntas arriba formuladas, es probable que sea extrovertido, lo cual significa que su temperamento primario es sanguíneo o colérico. Si respondió «no», probablemente sea introvertido, lo que sugiere un temperamento melancólico o flemático.

Sólo para extrovertidos... por favor responda «sí» o «no»:

1. ¿Sus amigos lo consideran «el alma de la fiesta»?

2. ¿Le resulta fácil hacer amigos?

3. ¿Es usted básicamente una persona feliz y despreocupada?

4. Si estalla en enojo, ¿fácilmente olvida el asunto, o quizás guarda rencor?

5. ¿Le resulta fácil pedir disculpas cuando se equivoca u ofende a alguno?

6. ¿Le es difícil terminar una tarea o proyecto, antes de emprender un nuevo proyecto?

7. ¿Disfruta más de estar acompañado que de estar solo?

8. ¿Le agrada complacer a los demás?

9. ¿Le brotan con facilidad las lágrimas ante las penas de los demás?

10. ¿Representa para usted un verdadero problema la cuestión de la autodisciplina, particularmente en el aspecto del control del peso y el manejo de detalles?

Si respondió «sí» a por lo menos siete de estas preguntas, probablemente sea una persona cuyo temperamento predominante es el sanguíneo. Si respondió «no» a por lo menos siete, quizás sea un colérico. Si está dividido en partes iguales, tal vez sea una combinación de ambos temperamentos (una combinación sanguíneo/colérico) y seguramente haría falta una evaluación de temperamento más detallada, para diagnosticar exactamente cuál predomina.

Sólo para introvertidos... por favor responda «sí» o «no»:

1. ¿Tiene usted fuertes tendencias perfeccionistas?

2. ¿Percibe usted la vida como algo serio la mayor parte del tiempo?

3. ¿Se desanima si su trabajo o el de otras personas no llega a la medida de sus normas?

4. ¿Se fastidia con los que no están de acuerdo con usted?

5. ¿Se resiente ante la corrección?

6. Si es insultado, rechazado o herido, ¿tiende a rumiar el asunto y ocasionalmente atacar a alguno o explotar?

7. ¿Alguna vez tiene sentimientos de depresión o experimenta estados de ánimo negros?

8. ¿Prefiere estar solo en contraposición a estar acompañado?

9. ¿Siente usted con frecuencia que generalmente las personas no lo comprenden o no lo quieren?

10. ¿Prefiere usted estar concretando un proyecto o tener algo para hacer en contraposición a no tener qué hacer?

Si respondió «sí» a siete o más de estas preguntas, es probable que sea predominantemente melancólica. Si respondió «no», es de temperamento predominantemente flemático. Si el balance es parejo, es probable que sea una combinación de ambos. Sin embargo, si casi ninguna de las preguntas se aplica plenamente a usted, es probable que sea un fuerte temperamento melancólico, porque a ellos generalmente les resulta doloroso responder «sí» a cualquier cosa que no sea 100% verdad.

Obviamente esta sencilla prueba no es adecuada para evaluar plenamente su temperamento. Pero debiera servirle de indicador de cuál sea su temperamento predominante.

9

Las doce combinaciones de temperamento

Por medio de los genes, sus padres y sus cuatro abuelos contribuyeron a formar su perfil físico, mental y temperamental en el momento de la concepción. Frecuentemente, es fácil ver eso físicamente. A decir verdad, recientemente vimos un muchachito que no se parecía a ninguno de sus padres, pero que tenía muchos de los rasgos del abuelo. Así sucede con el temperamento. Una persona puede tener un temperamento más parecido al de un abuelo que al de uno de los padres.

Esa puede ser la razón por la cual muchas personas no se ven reflejadas en un solo temperamento, sino que se identifican mejor con dos o, en algunos casos, tres. Toda vez que, por lo menos, seis personas contribuyen a su composición por medio del depósito de genes, y a causa de la mezcla de nacionalidades de hoy, la mayoría de las personas tiende a poseer una combinación de temperamentos en lugar de uno solo. Quizás, en los días de antaño, cuando fue concebida por primera vez la teoría de los cuatro temperamentos y había menos casamientos cruzados entre las nacionalidades, hubiese sido más fácil identificar a una persona como de temperamento 100% colérico o melancólico, etc. Pero, hoy en día, son pocos los que nacen de dos padres cuya nacionalidad sea exactamente la misma. Y aunque lo sean, igualmente hay una variedad de temperamentos dentro de las nacionalidades. Por ejemplo, los alemanes son bien conocidos por ser coléricos o melancólicos o ambos. Los italianos generalmente son sanguíneos expresivos o melancólicos, o ambos. Los británicos tienden a ser coléricos, flemáticos o ambos; mientras que los escoceses tienden a ser sanguíneos o coléricos o ambos. Por consiguiente, la combinación de su temperamento puede llegar a ser tan variada como la mezcla de su nacionalidad.

Sin embargo, si estudia el tema con atención y se examina con objetividad, generalmente podrá identificarse en dos temperamentos de diferente intensidad (y, en unos pocos casos, tres). Uno será el temperamento predominante, el otro será secundario. Esto lo complica la variación en la cantidad o, la intensidad de su temperamento primario. Por ejemplo, su temperamento primario puede ser 60%, y su secundario 40%. Si usted es una sanguínea-flemática, a la que llamaremos SanFlem, el 60% de temperamento sanguíneo significaría que usted es extrovertida, pero no tan expresiva como una persona que fuese 60/40 sanguínea-colérica. Compare estos temperamentos con el agua. Si usted vierte el agua muy caliente de una sanguínea (60%) al agua caliente de una colérica (40%), el resultado final le quemaría. Eso sucede con las combinaciones de temperamentos. Luego, agréguele la complicación adicional de la variedad de mezclas. Una persona podría ser 70% sanguínea o incluso 80%, y el resto, estar compuesto por uno o más temperamentos. Tales personas pueden identificar fácilmente su temperamento primario, pero nunca logran descubrir con exactitud su temperamento secundario.

*A no ser que su temperamento prima-
rio sea extremadamente fuerte, el secundario ejercerá una influencia significativa sobre su comportamiento.
Podrá compensar algunas de las debilidades de su temperamento primario
o bien, intensificarlas.*

En el Análisis del temperamento de LaHaye, al cual hice referencia anteriormente, sólo trece personas han discordado con respecto a la exactitud del diagnóstico de su temperamento primario, ¡siendo más de treinta mil personas las que se han evaluado! A un grupo mayor de personas le ha sido difícil aceptar la exactitud de los temperamentos secundarios.

A no ser que su temperamento primario sea extremadamente fuerte, el secundario ejercerá una influencia significativa sobre comportamiento. Podrá compensar algunas de las debilidades de su temperamento primario, o bien intensificarlas. Por ejemplo, tanto los coléricos como los melancólicos, tienen el problema de criticar a otros. Pero ese problema puede ser compensado si se mezcla con un temperamento flemático o sanguíneo. Pero si los dos se juntan formando un ColeMel o un MelCole, el problema sólo se intensificará. A pesar de que algunos de sus dones también se intensificarán, si esa ColeMel o MelCole no logra vencer sus debilidades, con frecuencia sucederá que no alcance el máximo de su potencial.

Por lo tanto, ningún estudio estará completo, si no examinamos las doce combinaciones que la mayoría de la gente denomina «mezclas» de temperamento. Probablemente descubrirá que se identifica con una de ellas, con más facilidad, que con los cuatro temperamentos básicos.

Conozca a Mili Melsan

Una de las mezclas de temperamento más dotadas de todas es Mili MelSan. Generalmente anda bien en lo académico, sacándose calificaciones elevadas durante toda su época de escolaridad. Aunque usualmente se la considera introvertida, tiene suficiente de sanguínea para dar a su personalidad algo de ímpetu. A menudo es muy buena para la música y puede llegar a estar tan emocionalmente involucrada en su calidad histriónica, que podría conmover al público con sus encantos. Cuando Shakespeare dijo: «El mundo es un escenario», debe haber estado pensando en los MelSan (o en su inversión: SanMel), pues su lado melancólico está entregado a la actuación, al punto de imitar a otros, mientras que su parte sanguínea puede atrapar al público con su encanto.

Es una persona muy emocional y está sujeta a los típicos estados negros de ánimo del melancólico. Sin embargo, el lado alegre de su naturaleza sanguínea generalmente le levanta el espíritu de modo que sus períodos de depresión no duren demasiado. También puede ser muy creativa y aprender a expresarse por medio del arte, la música, las matemáticas, las computadoras y muchos campos más.

Por ser más verbal que las otras melancólicas, Mili deberá cuidarse de lastimar a otros con su crítica o desalentarlos por medio de su pesimismo. En especial en una relación matrimonial, Mili necesita aprender a no corregir audiblemente a su esposo por causa de errores insignificantes. Al fin y al cabo, en realidad poco importa si el cuarto semáforo está a doce kilómetros de distancia siendo que su esposo dice que está a once, ¿verdad? Mili necesita ejercitarse en alentar a otros y dejar de corregir, a no ser que le pidan ayuda.

Mili tiene a su disposición una amplia gama de alternativas vocacionales. Por ejemplo, la profesión médica podría ser una firme posibilidad. Su temperamento sanguíneo secundario le hace dar un buen trato a sus pacientes, mientras que su lado melancólico perfeccionista le hará brindar el mejor tratamiento a su paciente. Puede enseñar y hacer investigación, aunque posiblemente se adecue mejor en el nivel escolar secundario o terciario.

A menudo las MelSans tienen una buena vida de oración y disfrutan de la comunión con Dios. Varios de los grandes profetas probablemente hayan sido MelSans. Pero como todos los melancólicos, Mili deberá esforzarse en el aspecto donde tiene mayor necesidad, para lo cual deberá poner en práctica la acción de gracias como modo de vida.

Conozca a Moli MelCole

Los muchos dones del melancólico son enriquecidos por el lado colérico de este temperamento. Es como agregar una fuerte voluntad y determinación a la más creativa de las personas. Moli MelCole tiene grandes posibilidades en la vida, pero también es posible que deba enfrentarse a serias dificultades. Fácilmente, Moli se vuelve majadera, exigiendo hacer su voluntad, la cual deja conocer rápidamente como la mejor manera. Moli puede discutir indefinidamente a fin de destacar algún punto, sea importante o no. Y puede resultar muy difícil, o incluso imposible, complacerla, ya que tiende a ser rígida e inamovible.

Emocionalmente, Moli MelCole puede ser tanto airada como temerosa, entregada a ataques de profunda depresión después de tiempos de explosión. Y como a Moli le cuesta perdonar y pasar por alto insultos, afrentas o malos tratos, es posible que cargue algún rencor durante largos períodos de tiempo... y generalmente tiene úlceras u otros males físicos que lo atestiguan. Su momento más feliz es cuando cuenta con una larga cartilla de planificación que le organiza la vida de antemano. Muchos MelCole disfrutan de seguir una carrera médica porque les permite saber hacia dónde van durante un tiempo prolongado. Su inteligencia les permite aguantar los años de aprendizaje necesarios para la mayoría de los campos médicos, mientras que su liderazgo colérico puede lanzarlos a un rol administrativo u organizativo en el campo de la medicina.

En el matrimonio, las debilidades de Moli pueden convertirla en una persona tan quisquillosa que la vida se vuelva desdichada para su esposo, quien nunca logra alcanzar la medida de sus normas. Si no se cuida, Moli hasta puede reducir sus expresiones sexuales a una recompensa por buen comportamiento. Y como sus normas de perfección son tan elevadas por naturaleza, el esposo de Moli tal vez viva con frustraciones sexuales.

Las debilidades de Moli, al igual que sus dones, son bastante similares. Para sobreponerse a ellas, necesita aprender a no ser tan dura con los demás, y en lugar de eso, brindar aliento a otros. Todos, excepto el MelCole, saben que el aliento y la aprobación son mejores motivadores que la crítica y la condenación. Moli también debe llevar cautivos sus pensamientos a la obediencia a Cristo, aprendiendo a dar gracias y concentrándose en los demás, más que en sí misma. Debe lograr vencer tanto la ira como el temor, para evitar acabar su vida como lo hizo Moisés. Por causa de las debilidades de Moisés, éste murió antes de terminar su obra. Pero al andar en el Espíritu, las debilidades de Moli MelCole serán transformadas.

Conozca a María MelFlem

Una de las más silenciosas de todos los temperamentos es María MelFlem. La única más silenciosa es la superintrovertida Flora FlemMel. María no es dada al enojo explosivo como otras mezclas melancólicas, pero a menudo es manejada por sus excesivos temores, preocupaciones, angustias y sensaciones de ineptitud. María MelFlem es extremadamente dotada, pero sus dones por lo general sólo se manifiestan en un ambiente familiar. Por ese motivo, María MelFlem se convierte en una estudiante perpetua. Está familiarizada con el mundo académico y le va bien allí. María pocas veces se aventurará en cosa nueva, pues prefiere, mucho más, permanecer activa dentro de su radio de comodidad o ambiente conocido. La idea de cambio amenaza a María, de modo que es posible perder muchas oportunidades que están a su disposición. Por esto, no es raro que María MelFlem permanezca soltera toda su vida. Es posible que tenga varias oportunidades de casarse, pero como el «Sr. Perfecto nunca llegó» o la posibilidad de cambio no le resulta atractiva, permanece soltera.

Las MelFlem pueden ser las más emocionales de todas las personas, y como tienen mentes tan creativas, resulta esencial que aprendan a controlar sus emociones. De otro modo, desarrollarán el hábito de magnificar las dificultades y minimizar los recursos. Cuando los MelFlem empiezan a pensar negativamente y a anticipar todo tipo de resultados temibles de sus decisiones y acciones, serán atraídos cual arena movediza continuamente hacia abajo. Entonces, si llega a ocurrir alguna desafortunada o inesperada tragedia, María MelFlem permitirá fácilmente que se convierta en un evento negativo de importancia. Para María, resulta absolutamente esencial vivir por fe y aprende a alabar y agradecer al Señor por fe, aun cuando sea difícil.

Tomar decisiones resulta difícil para una mujer Mel-Flem, a no ser que su esposo sea líder fuerte donde pueda apoyarse y recibir aliento. Estando a solas, María MelFlem se anticipará a cada resultado negativo de su decisión por adelantado. En lugar de eso, debe dejar de calcular el costo y confiar en que Dios estará con ella supliendo sus necesidades una vez entre en acción. Como en los demás temperamentos, María debe decidir cuál es la voluntad de Dios en una situación y luego cumplirla.

María MelFlem, al igual que varias Marías de la Biblia, tiene el potencial para ser una verdadera sierva. Ella descubre su mejor sentido de valor propio cuando está ayudando a las personas, si es que no destruye todo por quejarse mental, o verbalmente o de ambas formas. Muchos de los profetas y otros siervos de Dios usados en la Biblia eran Mel-Flem. Pero su gran contribución ocurría únicamente cuando eran motivados por el Espíritu Santo.

Conozca a Flora FlemMel

Una de las personas más agradables que jamás pueda llegar a conocer es Flora FlemMel. Es una superintrovertida con capacidad natural mucho más allá de lo que ella se da cuenta. Si su patrón de pensamiento negativo y temeroso no se convierte en un modo de vida habitual, Flora puede llegar a convertirse en una bendición en su hogar, su iglesia y su barrio. Su modo sereno y congenial hacen que dé gusto trabajar con ella, y raramente entra en conflicto con otras personas excepto que insistan demasiado en comprometerla. Como todo flemático, Flora FlemMel se encuentra en una lucha vitalicia contra involucrarse demasiado en cruzadas o causas.

Por razones espirituales, Flora puede sobreponerse a

sus temores naturales y, si comienza temprano en la vida, puede aprender a trabajar con niños y ministrarlos, pues es una buena maestra, una comprometida. Jamás se presentaría a clase sin estar preparada y prestaría seria atención a lo que otros piensan de ella. Aunque no le agrada tomar posición de liderazgo en nada, Flora FlemMel es buena para dar apoyo.

Flora disfruta del detalle y puede aprender rápidamente a producir proyectos que enloquecerían a los extrovertidos. Flora generalmente tiene una buena mente pero rara vez argumentará o se impondrá. Puede ser tan pasiva que, aun estando necesitada de amor y aprobación por parte de su esposo, es posible que se quede con él, incluso sufriendo abuso verbal o físico. A menudo participará de los planes de otros por no querer causar dificultades, aun cuando su plan pudiera ser mucho mejor. Flora también trabaja bien estando bajo presión; a decir verdad, es probable que no trabaje mucho excepto si está presionada o comprometida. Es una sabia FlemMel la que se da cuenta de que su motivación es externa. Al comprender eso, puede aceptar mayor responsabilidad de la que generalmente aceptaría, capacitándola así a ser más productiva. Exceptuando sus preocupaciones, temores y ansiedades, Flora raramente tiene problemas emocionales. Sin embargo, al igual que todos nosotros, el estar en una modalidad indecisa durante un tiempo demasiado prolongado la altera, porque le encanta tener decisiones, tareas y expectativas claramente definidas.

El egoísmo es un área de constante lucha para Flora, donde no siempre gana. Pero una vez aprende a entregarse para el Señor como el modo más grandioso de vida, se sentirá motivada a involucrarse más. Esto a su vez ayudará a Flora a intensificar el amor por si misma. Al madurar en la vida, Flora generalmente llegará a ser una persona feliz y satisfecha, particularmente si tiene varios hijos en los cuales pueda volcar su vida. Al igual que todos los temperamentos, ella funciona mejor cuando está comprometida con Dios y le permite fortalecerla y darle valor.

Conozca a Flavia FlemCole

Flavia FlemCole es una interesante ilustración de contrastes combinados, los cuales conforman una persona muy agradable. Flavia es la más activa de las flemáticas y es querida por quienes la conocen. Básicamente tiene un espíritu sereno con una veta de autodeterminación, que en ocasiones bordea la obstinación. Pero nunca es irrazonable cuando exige hacer su voluntad, porque ese no es su estilo. A Flavia FlemCole le satisface manipular y maquinar, para lograr su cometido.

Flavia sabe lo que está bien e insiste hacerlo de esa manera. Pero en lugar de enfrentarse abiertamente a las personas, es más factible arrastrar los pies hasta desgastar la paciencia de su opositor. Como cristiana, Flavia nunca pierde los estribos, aunque puede fastidiar tanto a otros (por supuesto que de un modo agradable) que ellos pierdan los suyos. Esta acción le aporta cierta satisfacción sádica, ya que ella sale del asunto pareciendo ser más cristiana mientras su opositor parece más carnal.

De sus puntos fuertes, pocos se igualan a Flavia cuando de organización se trata. Raramente inicia un proyecto hasta contar con todos los materiales, herramientas y planes necesarios con tiempo de sobra. A pesar de no ser la persona más productiva, el trabajo no finalizado de Flavia tiene una cualidad especial que hace ser confiable.

Flavia FlemCole tiene las mejores cualidades de liderazgo de todas las flemáticas. Sus tendencias coléricas combinadas con sus destrezas organizativas flemáticas, la capacitan para conducir un grupo o una organización de modo admirable y libre de obstáculos. Nosotras, en la agrupación *Concerned Women for America*, a menudo encontramos que esta mezcla produce algunas de nuestras líderes de mayor éxito. Tal liderazgo brinda un agradable ambiente de trabajo, pues Flavia trabaja bien con la gente. De modo que no es raro que cuente con un departamento muy productivo de empleados felices. Si es un ama de casa, la familia de Flavia disfrutará de un hogar bien organizado y eficiente, provisto por ella.

Más aventurada que otras flemáticas, Flavia FlemCole encontrará que, a diferencia de las flemáticas puras, le resulta más fácil aprender a andar en fe y no limitar a Dios por causa de incredulidad. Pero a pesar de sus tendencias coléricas, recuerde: las flemáticas tienen el problema del temor. Sin embargo, no estará tan dominada por dicho temor como pudiera ocurrir con las demás, particularmente si aprende a andar en el Espíritu.

Muchas FlemCole son activas en su iglesia, pero casi nunca se ofrecen como voluntarias ni inician proyectos. Otras personas generalmente deben darles la visión, reclutarlas y entrenarlas. Pero una vez adquieren confianza en la ejecución de alguna tarea en particular, posiblemente la lleven a cabo fielmente en los años por venir.

Conozca a Federica FlemSan

Federica FlemSan posiblemente sea la persona más congenial del mundo, pero si no se cuida puede pasar toda su vida sin lograr mucho. Es posible enseñarle a hacer casi cualquier cosa, mientras no requiera mucha decisión, porque tiene un gran problema en la cuestión de autodisciplina y participación. Tal vez usted reconozca a Federica FlemSan en la mujer sentada en el banco de la iglesia durante cincuenta años, que raramente ha faltado a un culto, pero nunca ha asumido un rol de liderazgo. Esto no ha sido porque Federica no está dedicada a Cristo; por el contrario, es posible que esté sumamente dedicada, pero su problema es el temor. Tanto los flemáticos como los sanguíneos tienen el problema del temor. De modo que si no hay nada qué temer, puede tener la seguridad de que Federica encontrará un motivo (o en realidad, una excusa). Si hay alguien necesita confiar en el Señor de todo corazón, esa es Federica. Nunca demasiado convencida de su propia habilidad, Federica teme tanto al ridículo o al fracaso público, que preferiría esconderse tras su cónyuge más decidido y pasar la totalidad de la vida a su sombra.

Federica puede ser la mejor madre del mundo, particularmente durante los primeros años de vida de sus hijos. Pero como evita la confrontación, cuando sus hijos lleguen a ser adolescentes, es posible que Federica pierda el control de ellos. A no ser que su esposo la apoye totalmente, insistiendo a sus hijos en honrar y obedecer a sus padres tal como ordenan las Escrituras, los hijos pueden llegar a ser obstinados y rebelarse contra ella y Dios. Si se niega a confrontar a sus hijos en su etapa de desarrollo, Federica podría encontrarse con algunos resultados desastrosos entre manos. Necesita concentrarse en su educación y no en vivir de modo que la «quieran». Como padres, todos debemos poner en práctica con nuestros hijos lo que se ha dado en llamar «amor duro». Y aunque nunca es fácil para nadie, resulta especialmente difícil para Federica FlemSan. Pero una cosa de la que los hijos de Federica nunca pueden acusarla, con sinceridad, es de no amarlos, porque siempre tiene tiempo para ellos. Y ese es un rasgo verdaderamente admirable en un padre.

Muchas áreas de servicio están a disposición de la FlemSan que ande en el Espíritu y se niegue a limitar a Dios con su incredulidad. Cuando la fe reemplaza sus temores, la FlemSan comenzará a comprender que Dios puede usar su vida, porque Él la ha creado para ser una persona muy capaz y productiva. Pero no espere que se ofrezca voluntariamente o que dé pasos gigantes de fe, inicialmente. Más bien, Federica necesita ser animada con amor a confiar en Dios y a dar un paso de fe tras otro. Pero el primer paso será el más difícil para Federica.

La iglesia, el hogar, los niños y esposos se han visto enriquecidos por la mano delicada y constante de Federica FlemSan. ¡Que se incremente su tribu!

Conozca a Carla ColeSan

Cuando se mezcla un temperamento extrovertido con uno superextrovertido, lo que se obtiene es una personalidad imponente. Carla ColeSan es dicha personalidad. Es la más fuerte líder natural de todas las combinaciones de temperamento y generalmente es la que involuntariamente se hace cargo de cualquier grupo u organización en el que participa. Carla es una persona muy porfiada y cuenta con la extroversión necesaria para decir lo que piensa antes de que otros anuncien sus ideas. Tampoco le lleva mucho tiempo darse cuenta de que puede intimidar a otros de modo que acepten sus ideas por el simple hecho de declararlas antes que nadie, de manera contundente e inequívoca... de forma tan tajante que cualquiera que expresase una objeción casi pensaría que sus ideas son inferiores o innecesarias. Carla ColeSan es tan poderosa que, cuando presenta su voluntad, a menudo resulta difícil saber si habla de parte suya o de Dios.

Carla ColeSan no sólo es poderosa, sino que también tiene la determinación de lograr las cosas a su manera. A decir verdad, uno de sus mayores problemas espirituales es diferenciar su voluntad para el grupo (o para su familia) de la de Dios. La oración no es su fuerte por naturaleza; tiene mayor inclinación a la acción que a la oración. La mayoría de los ColeSan sólo ora por las cosas grandes de la vida (aquellas de las cuales no tienen control). Tienden a pensar que ellos pueden lidiar con los asuntos menores, cotidianos de la vida, para después poder avanzar. Los ColeSan necesitan ser humillados, lo cual generalmente requiere de una serie de tribulaciones y experiencias frustrantes, para que aprendan genuinamente a apoyarse en Dios.

Carla ColeSan sí cuenta con el encanto del lado sanguíneo de su naturaleza, y generalmente utiliza esos encantos para casarse. Encontrará un hombre flemático un tanto pasivo y con sus encantos lo llevará al altar con férrea determinación, convencida de poder, después del casamiento, lograr que sea algo. Pero entonces Carla descubrirá que está metida en una relación de «tira y afloje», donde ella estalla emocionalmente y él se retrae dentro de su gruesa caparazón de autoprotección. Como no puede equipararse a ella verbalmente, el esposo de Carla a menudo recurrirá al arma del silencio. Cuanto más empuja ella e intenta conducir, más clava él los pies mientras canta bajito «No me moverán». No se puede decir que esta sea una fórmula para la felicidad.

Emocionalmente, Carla necesita buscar a Dios para vencer su temperamento airado y explosivo. Necesita pedir perdón a los que ofende y hacer lo que el Señor quiere para su vida, por encima de sus propios deseos. A los ColeSan les lleva más tiempo que a otras personas darse cuenta de que la senda de Dios, no la propia, es el camino a la felicidad. Pero Carla ColeSan necesita desesperadamente aprender que Dios no la necesita... más bien ella lo necesita a Él.

Lo más probable es que las mujeres ColeSan de la actualidad, encuentren realización en ocupaciones vocacionales fuera del hogar. Sin embargo, invariablemente los niños son quienes pagan el precio de esto. Resulta absolutamente esencial la presencia constante de la madre, durante los primeros años de vida, para lograr un adecuado desarrollo y un sentido de seguridad personal en los niños. Pero como los negocios son mucho más atractivos para la esposa y madre ColeSan que las tareas hogareñas, Carla ColeSan a menudo intentará justificar sus decisiones a fin de hacer lo que verdaderamente desea hacer. Con demasiada frecuencia, le agrada más el desafío de trabajar fuera del hogar que el ser una mamá permaneciendo en casa. Tristemente, esto a menudo va en detrimento de su esposo e hijos.

Las Carlas ColeSan son personas muy capaces y enérgicas que tienen voluntad fuerte, aunque también tienen mucho para ofrecer a Dios. Sin embargo, sólo pueden ser plenamente usadas cuando aprenden a andar en el Espíritu y no en la carne. Para Carla y su familia, es un día feliz cuando finalmente aprende que después de todo, la voluntad de Dios siempre es la mejor.

Conozca a Carmen ColeMel

Carmen ColeMel es una persona extremadamente diligente y capaz. Es más inteligente que la mayoría, y tiene una tendencia práctica por naturaleza que la capacita para ser exitosa en casi todo lo que emprende. Es una fuerte líder por naturaleza y generalmente cuenta con un plan bien definido de ataque. Pero a no ser que esté conduciendo a un ejército en la batalla, el liderazgo de Carmen a menudo le cuesta más de lo que vale, por causa de su tendencia de atropellar a la gente o incluso destruirla, en el proceso de vencer. Es simple, Carmen ColeMel es por naturaleza una persona muy insensible.

Muchas ColeMel se han convertido en líderes en Concerned Women for America [CWA]. Estas mujeres son cristianas profundamente preocupadas que ven claramente la terrible amenaza del humanismo liberal para nuestra cultura. Son mujeres motivadas y enérgicas, entusiasmadas por aceptar la tarea de liderazgo. Pero el problema más grande presentado con algunas de ellas es ayudarlas a aprender a ser amables, bondadosas y semejantes a Cristo en el modo de tratar con los miembros menos agresivos. También procuramos enseñarles que la mejor manera de oponerse a los enemigos del hogar es a través de una actitud gentil, pues la confrontación a menudo conduce a una confrontación mayor. Muchos senadores y congresistas me dicen que nuestras damas de CWA de todo el país, tienen peso. Observe a las feministas enojadas y hostiles y podrá comprender por qué impulsan a más mujeres a hacerse miembros de CWA. Cuando estas personas se adhieren, no debieran ser atacadas por mujeres cristianas airadas y hostiles que hablan con la misma amargura que las feministas. En lugar de eso, deseamos que estas nuevas adherentes conozcan a mujeres llenas del Espíritu Santo, amables y profundamente comprometidas a preservar los principios cristianos que hicieron de Estados Unidos la nación más grande de la historia.

Desafortunadamente, las ColeMel a menudo son tan absorbidas por su trabajo y sus proyectos, que dejan de lado a sus amigos, esposo y familia, e incluso los atacan si se quejan. Carmen ColeMel hará que su vida y la de sus amigos y familia sea más feliz cuando aprenda el principio bíblico que dice «"No por el poder ni por la fuerza [ni por el esfuerzo y la destreza de Carmen ColeMel], sino por mi Espíritu", dice el SEÑOR». Al igual que todos los temperamentos, Carmen ColeMel debe aprender a depender del Espíritu Santo. El apóstol Pablo probablemente sea el mayor ejemplo de la Biblia de un adicto al trabajo, lleno del Espíritu. Desafortunadamente, no podrá encontrar muchos siervos cristianos ColeMel como él, y probablemente ocurra eso porque a los ColeMel les cuesta tanto someter su voluntad, su carne y sus emociones a Dios. Incluso en el caso de Pablo, hizo falta la experiencia de Damasco para poner su fuerte voluntad bajo el control de Dios.

Carmen ColeMel es a menudo temida, en ocasiones respetada, pero no siempre es bien querida. Frecuentemente tiene una personalidad abrasiva y no le preocupa que otros lo sepan. Muchas veces encontrará a Carmen lloriqueando «Nadie me quiere» o preguntándose por qué no tiene más amigos. Lo que Carmen no comprende, es que a menudo es tan crítica y condenatoria de otras personas por causa de sus acciones o planes, que a nadie le agrada estar en su compañía.

Las ColeMel son mujeres que pueden alejar a los hombres, pero particularmente alejan a las mujeres. Junte la naturaleza más conversadora de una mujer con la personalidad porfiada de una colérica y la naturaleza detallada y perfeccionista de una melancólica, y obtendrá una mujer que puede agotar a personas y proyectos con su charla y sus argumentos. Pero a pesar de que suelen ganar la discusión, pierden la relación. Por consiguiente, una mujer ColeMel logra tener un hogar cristiano y una relación feliz sólo al darse cuenta de que debe someterse a la autoridad de su esposo y respetarlo (Efesios 5.33). La sumisión resulta difícil para cualquier ColeMel, pero esto señala nuevamente cuán dependiente y necesario resulta el ministerio del Espíritu Santo en la vida de Carmen.

Conozca a Carolina ColeFlem

Una de las mujeres más organizadas que llegué a conocer jamás es Carolina ColeFlem. Carolina añora la organización superficial de la colérica («un sitio para cada cosa y cada cosa en su sitio») y la detallada organización de la flemática. Nadie tiene un hogar más prolijo que Carolina, a la vez que sigue trabajando en una docena de proyectos más. Si necesita realizar una tarea que requiere de la motivación y dirección de otras personas, hay pocas que puedan hacerlo mejor. Tiene la cantidad suficiente del amable temperamento flemático para calmar el lado colérico exigente de su naturaleza, a fin de que pueda ser una realizadora y a la vez llevarse bien con la gente. Las mujeres ColeFlem frecuentemente llegan a escalar posiciones en el mundo de los negocios porque son líderes natas y son bastante eficientes.

Desafortunadamente, muchas iglesias utilizan los talentos de muy pocas Carolinas ColeFlem. Posiblemente esto ocurra porque a Carolina no siempre le interesa la voluntad de Dios para su vida o porque los cristianos se cansan de sus críticas irónicas. Incluso hay otras personas a las cuales les cuesta imaginar que una persona tan sarcástica, como Carolina ColeFlem, pudiera ser suficientemente espiritual como para ocupar una posición de liderazgo. En ocasiones, al serle asignada una posición de liderazgo, Carolina aleja a tantas personas que resulta ser una asignación de corta duración. Por consiguiente, Carolina generalmente busca realizar actividades fuera de la iglesia. Clubes cívicos, por ejemplo, suelen aceptar mejor su naturaleza cortante y en ocasiones carnal.

Carolina es dada al activismo, tal como sucede con todos los coléricos, pero su actividad tiene propósito y significado y sabe intuitivamente lo que debe hacerse y el camino más rápido y corto para lograr su cometido. De modo que, una vez que Carolina se compromete con Cristo y es presentada a la obra eterna de Dios, le resulta difícil conformarse con cualquier cosa que no sea servicio cristiano. Y con su energía aparentemente sin límite, si no halla un lugar dónde servir, probablemente inicie uno.

Al igual que la mayoría de las mujeres coléricas, a Carolina ColeFlem le costará mucho aprender a «someterse a su esposo como al Señor». A su favor, una vez que recibe ese mensaje y comprende que no puede ser una esposa espiritual si no se somete a su esposo, tendrá un matrimonio duradero y feliz. Entonces podrá cosechar las bendiciones de una vida llena de devota sumisión.

Conozca a Silvia SanCole

La más fuerte extrovertida de todas las mezclas de temperamentos es Silvia SanCole, porque está compuesta de los dos temperamentos extrovertidos más poderosos. Como predomina el temperamento sanguíneo, Silvia es un individuo alegre a quien le sobra carisma. Se lleva bien con la gente y, cuando está llena del Espíritu Santo, es amada por todos y tiene un verdadero ministerio de conducir a otros a Cristo. He visto a muchas mujeres SanCole dirigir organizaciones de mujeres cristianas o enseñar grupos de estudio bíblico. El lado colérico de su naturaleza aporta la autodisciplina necesaria y el empeño que la capacitarán

para producir una primera impresión favorable. Y su disciplina organizada y constante a fin de acabar un proyecto le
harán causar una buena y perdurable impresión. Silvia tiene la habilidad de levantar el ánimo de quienes la rodean y
es una persona genuinamente divertida y amorosa. Como
conferenciante, Silvia es muy requerida, tanto por su sentido de humor y agudo ingenio, como por su práctica habilidad motivadora.

Las debilidades de Silvia, al igual que las de todas las
extrovertidas, son tan evidentes como sus puntos fuertes.
Como todas, sufre la tendencia de aumentar de peso. Tiende a culpar de ello a «haber tenido cuatro hijos» o a «problemas glandulares». Pero si la observa, a menudo descubrirá que Silvia come demasiado rápido, abundantemente
y le encantan los alimentos empalagosos con elevado número de gramos de grasa y calorías. Otra debilidad es hablar demasiado, tal como sucede con muchas extrovertidas.
Al hacerlo, Silvia acaba dejando expuesta la profundidad
de sus pensamientos. Desafortunadamente, como sucede
en el caso de muchos sanguíneos, los pensamientos de Silvia no son muy profundos. Por consiguiente, sus chistes y
cuentos repetidos se desgastan. No existe nadie con más
problemas de boca que Silvia SanCole.

Emocionalmente, Silvia tendrá problemas de enojo la
mayor parte de su vida, si no se acerca al Espíritu Santo
buscando la cura que sólo Él puede dar. Silvia también llorará sin ser provocada y luego se arrepentirá fácilmente, no
sólo por ser tan espontánea, sino también porque ha tenido
mucha práctica. Como ilustración de un personaje bíblico
que era SanCole, estudie la vida del apóstol Pedro. Antes de
ser lleno del Espíritu Santo, en Pedro era mayor su intención, que su decisión de hacer el bien. Pero después de rendir su vida al Señor, se convirtió en un gran siervo de Dios.

Si ella logra controlar su boca y permite que el Espíritu Santo desarrolle su autodisciplina, Silvia SanCole puede convertirse en una persona fácil de amar, que disfrutará del amor de amigos y familia. Pero al igual que otras mezclas de temperamento, Silvia necesita andar diariamente bajo el control del Espíritu de Dios.

Conozca a Sandra SanMel

A pesar de que ningún temperamento sea más extrovertido que Silvia SanCole, ninguna combinación de temperamento es más emocional que Sandra SanMel. Como hemos visto, los sanguíneos son emocionalmente expresivos y los melancólicos son profundamente sensibles. De modo que cuando ambos se mezclan, resulta una persona altamente emotiva. Típicamente Sandra SanMel dejará a sus amigos emocionalmente agotados. En un momento llorará compasivamente con alguna persona, y segundos más tarde se reirá con otra o estallará enojada contra alguien. Esta variación emocional a menudo le hace ganar la reputación de no ser sincera, cuando en realidad sólo está comportándose de una manera francamente sanguínea. Sorprendentemente, Sandra raramente sufre de neurastenia, estos efectos sencillamente se los provoca a los demás. No es rencorosa, y sus bajones anímicos sólo duran mientras llega alguien que la alegre o la estimule a realizar algo que desee hacer. Sandra también disfruta de la música, a decir verdad, casi no puede vivir sin ella. Si sabe discernir el tipo de música que escucha, raramente se deprimirá por mucho tiempo. Por ejemplo, si toca música de alabanza y adoración, tendrá un ánimo positivo. Sin embargo, si Sandra se entrega a un estado de ánimo depresivo y escucha música de sonidos tristes, su espíritu sensible se hundirá en profunda desesperanza durante un tiempo mucho más prolongado de lo natural para sanguíneos.

Nadie siente el dolor y las heridas emocionales de otros como Sandra SanMel. Generalmente tiene un buen ministerio para quienes tienen heridas y permanece cómoda en su presencia. En lo referente a vocación, casi cualquier rubro está a disposición de Sandra, desde música o actuación, hasta ventas o conferenciante. Sin embargo, Sandra debe cuidar su lengua, ya que los sanguíneos dirán casi cualquier cosa que les pase por la mente, y los melancólicos son pensadores críticos que encuentran fallas en casi todos. Por consiguiente, puede lastimar a otros innecesariamente por decir cuanto se le ocurra. Así que debe dedicarse a decir sólo aquello que edifique y anime. Las tendencias egocéntricas de Sandra también le dificultan el guardar silencio por cualquier período de tiempo, de modo que debe cuidarse de decir cualquier cosa innecesaria e hiriente.

Un aspecto en el que deben esforzarse las SanMel, es en sus pensamientos. Los sanguíneos así como los melancólicos son soñadores. Por lo tanto, si el lado melancólico sugiere un pensamiento o un principio negativo, esto puede anular el optimismo del sanguíneo. Además, ambos temperamentos son inseguros y temerosos. Así que le será necesario a Sandra esforzarse por llegar a ser una mujer de la Palabra y aprender a andar por fe bajo el control del Espíritu, a fin de realizar su gran potencial. Dios ha usado muchos SanMel. Un ejemplo que viene a la mente es David, el talentoso, afable y dulce salmista de Israel, el hombre «conforme al corazón de Dios». Pero Sandra necesita tener consciencia de que su poderosa naturaleza emocional la vuelve vulnerable a la tentación sensual, como sucedió con el rey David. Esa senda sólo conducirá al dolor y es espiritualmente innecesaria, incluso en estos días de sobrecarga sensual. Si

Sandra busca justicia de todo corazón y mantiene su mente centrada únicamente en lo que agrada al Señor, podrá vencer las tentaciones que la rodean.

Conozca a Susi SanFlem

La persona más fácil de amar, en el mundo, es Susi San-Flem. Sus tendencias dominantes y superextrovertidas sanguíneas son compensadas por los rasgos flemáticos amables, afables y serenos. Susi SanFlem generalmente es una persona muy alegre cuyo espíritu despreocupado y su buen humor la convierten en una anfitriona divertida, requerida por otros. Ayudar a los demás es su principal asunto en la vida, y cuando consagra su vida a Cristo, su mayor gozo proviene de servirle. A menudo ama la música y puede ser una cantante conmovedora y eficaz. Si yo fuese un director de coro de iglesia, pondría a todas las SanFlem en primera fila porque sus rostros sonrientes y apariencia gozosa, generalmente bendicen a la congregación incluso antes de que el coro comience a cantar.

La vida familiar es muy importante para Susi SanFlem. Si cuenta con la aprobación amorosa de su esposo, lo amará con devoción y adorará a sus hijos. Y como Susi es personalmente indisciplinada, no es raro que sea demasiado complaciente con sus hijos. Aparte de eso es una madre muy amante, y con muy poco aliento por parte de su cónyuge, puede ser una anfitriona maravillosa. Dos mujeres de nuestra iglesia que obtuvieron los mejores resultados con el evangelismo de hospitalidad, eran una SanFlem y una San-Cole, que en ambos casos contaban con esposos cooperativos.

> ❧ ───────────────────
> *Conocer su temperamento primario y*
> *secundario (de ser posible) es de ayu-*
> *da, pero únicamente si usted se pre-*
> *senta al Espíritu Santo para que la*
> *ayude a enfrentarse a sus debilidades.*
> ─────────────────── ❧

Ninguna persona está equipada por Dios para ser una mejor anfitriona y más naturalmente sociable, que Susi San-Flem. Ella preferiría hablar y desarrollar camaradería, que cualquier otra cosa. Lo que favorece a Susi es que cuando ha recibido el entrenamiento adecuado, Dios puede usarla para ser una verdadera ganadora de almas. Pero lo que sí tiene es un problema de temor. Aunque al igual que muchas personas de la Biblia, cuando confía en la Palabra de Dios y la plenitud del Espíritu Santo, Susi habrá de ser una cristiana perseverante y disciplinada que logrará todo lo que Dios tiene preparado para hacer.

Variables adicionales a considerar

Al contar con doce mezclas de temperamento de dónde escoger, debiera resultarle más fácil identificarse con alguna de ellas que con los cuatro temperamentos básicos únicamente. No se desanime, sin embargo, si descubre que tampoco logra encajar del todo en ninguno de los doce. No hay dos seres humanos que sean exactamente iguales. Muchas otras variables podrían alterar el cuadro a tal punto que no encajase en ningún modelo de manera precisa. Considere lo siguiente:

1. *Sus porcentajes podrían ser diferentes del 60/40 escogidos en forma arbitraria como base para esta sección.* Pienso que es-

tará de acuerdo en que sería casi imposible detallar todas las mezclas de temperamento concebibles. Eso se lo dejo al lector. Por ejemplo, una MelCole de 60/40 será significativamente diferente de una MelCole de 80/20. O considere la disparidad entre una SanFlem 55/45 y una SanFlem 85/15. Únicamente una detallada evaluación científica puede determinar un diagnóstico exacto.

2. *Trasfondos y crianzas diferentes alteran las expresiones de mezclas idénticas de temperamento.* Por ejemplo, una SanFlem criada por padres amorosos pero firmes, será mucho más disciplinada que una, criada por padres permisivos. De igual manera, una MelFlem de padres crueles y odiosos, será drásticamente diferente de una cuyos padres hayan sido tiernos y comprensivos. Ambas compartirán los mismos puntos fuertes y talentos, pero una puede estar dominada por hostilidad, depresión y autopersecución, de modo que nunca llegue a hacer uso de sus puntos fuertes. Como la crianza de cada persona ejerce una poderosa influencia, resulta casi imposible evaluar una amplia gama de trasfondos en un análisis de temperamento como este.

3. *Es posible no ser objetiva cuando se mira usted.* Por lo tanto, tal vez quiera discutir su temperamento con seres queridos y amigos. Todos tendemos a vernos a través de gafas color rosa. Parafraseando el anhelo del poeta Robert Burns: «Oh, que pudiésemos vernos como otros nos ven».

4. *La educación y el cociente intelectual a menudo afectarán la evaluación del temperamento de una persona.* Por ejemplo, una MelSan de muy elevado cociente intelectual parecerá ser un tanto diferente de una que tiene un nivel de inteligencia promedio o más bajo. Aun así, si estudia con detenimiento los puntos fuertes y debilidades de las personas de alguna mezcla de temperamento en particular, encon-

trará que son básicamente similares en sus puntos fuertes y sus debilidades a pesar de las diferencias de cociente intelectual y de niveles de educación o experiencia.

5. *La salud y el metabolismo son importantes*. Una ColeFlem en perfecto estado físico será más agresiva que una con problemas de glándula tiroidea u otro mal físico. Una FlemMel nerviosa también será más activa que una cuya presión sanguínea sea baja.

6. *Unas pocas personas descubrirán que ninguna de las doce mezclas se adecuan a su caso*. En tales casos, tienen un temperamento dominante y tendencias de otros dos. Sin embargo, de todas las evaluaciones realizadas por mi esposo, menos de un diez por ciento de las personas pertenecen a esta categoría.

7. *¡La clave del asunto es la motivación!* «De él [del corazón] mana la vida» (Proverbios 4.23). Si una persona está adecuadamente motivada, dicha motivación tendrá un marcado impacto en su comportamiento sea cual fuere su mezcla de temperamento. En realidad, es por eso que he escrito este libro... a fin de que quienes carecen en el presente, de una motivación adecuada, puedan experimentar el poder de Dios para transformarles completamente el comportamiento.

8. *La vida sujeta al Espíritu es un modificador del comportamiento*. Los cristianos maduros cuyos temperamentos han sido modificados por el Espíritu Santo, a menudo tienen dificultad para analizar su composición temperamental porque cometen el error de examinar la teoría del temperamento a la luz de su comportamiento actual. El temperamento está basado en el hombre natural; no tiene nada de espiritual. Es por eso que nos resulta tanto más fácil diag-

nosticar y clasificar a una persona inconversa o a un cristiano carnal, que a un cristiano dedicado y maduro. Como una cristiana madura ya habrá vencido muchas de sus debilidades naturales, resulta difícil evaluar su temperamento. Debería concentrarse únicamente en sus puntos fuertes o considerar su comportamiento antes de llegar a ser una creyente sujeta al Espíritu.

Conocer su temperamento primario y secundario (de ser posible) es conveniente, pero únicamente si usted se presenta ante el Espíritu Santo para que la ayude a enfrentarse a sus debilidades. Y en eso la ayudará el resto de este libro. Usted puede ser el tipo de mujer piadosa que glorifica al Señor y recibe mucha alegría.

10

La soltería no es una maldición

*L*as mujeres tenemos suerte, Dios no hace diferencia por edad, sexo o condición. Él es más que suficiente para llenar las aspiraciones de una mujer soltera, de una casada, de jóvenes y de mayores. Todas hemos pasado al menos parte de nuestra vida como solteras, aunque unas más que otras. Y a algunas personas posiblemente les toque una vida de soltería, mientras que otras, posiblemente, estén casadas durante una temporada para luego volver a estar solteras. El volver a estar soltera puede ser resultado de un divorcio o de la muerte del cónyuge. Pero a todas nos es dada la misma recomendación, no importa cuál sea nuestro estado civil: «Si vivimos por el Espíritu, andemos también por el Espíritu» (Gálatas 5.25).

Aquella vieja idea según la cual sólo una mujer casada y de cierta edad puede ser llena del Espíritu Santo, no tiene fundamento. El Espíritu Santo no sólo selecciona a cristianos maduros para cumplir las promesas de Dios, ellas se encuentran para cualquiera que tenga la disposición de rendir completamente su vida al Señor.

La tierna adolescente

Hace algunos años, cuando nuestros hijos eran muy pequeños, llamamos a una adolescente para cuidarles una noche. Cuando regresamos a casa charlamos un rato con ella. Le preguntamos sobre su escuela, su familia, etc., y luego le preguntamos por su relación con Cristo. Nos respondió inmediatamente: «Soy creyente, pero no quiero volverme demasiado espiritual ni nada de *eso*, hasta tener más edad. Quiero disfrutar de la vida mientras soy joven». La observamos vivir sus difíciles años adolescentes y oramos pidiendo a Dios levantar un cerco de protección en derredor de ella. Hubo varias ocasiones en las cuales estuvo a punto de dejar marcada su joven vida adulta. Mucho tiempo después, esta misma chica nos vino a decir cuánto lamentaba haber desperdiciado los mejores años de su vida, y cómo había estado muy próxima a arruinarla completamente.

Una adolescente puede estar llena del Espíritu Santo ¡y aun así llevar una maravillosa vida social! He visto muchos ejemplos de esto en nuestra propia iglesia. No hay nada tan hermoso como ver a una adolescente bonita y vivaz, completamente entregada a Jesucristo. Estoy pensando en una chica en particular. No era hermosa, pero tampoco era fea, a decir verdad, tenía facciones más bien sencillas y podía pasar desapercibida. Esta chica era una testigo constante de Jesucristo y era querida por todo el mundo; especialmente por los muchachos. Tenía una serie de problemas que harían doblegar cualquier otra chica de su edad, pero a ella no la acobardaban. En lugar de vivir derrotada, había decidido entregar su vida entera, con todos los problemas, a Jesucristo. ¿Era una tonta? ¡De ninguna manera! Era simplemente una jovencita adolescente entregada a Jesucristo y realmente controlada por el Espíritu Santo. Su habilidad de mostrar genuino interés por otras personas en lugar de centrar su

atención en los suyos propios, daban testimonio de que
Cristo vivía en ella.

&

> *La etapa del noviazgo es un momento*
> *crítico para evaluar las debilidades de*
> *su temperamento, para evitar que las*
> *emociones guíen su corazón. Es nece-*
> *sario tener convicciones claramente*
> *establecidas antes de atreverse a no-*
> *viar.*
>
> &

Pude observar la transformación completa de dos aspectos de su vida durante sus años de adolescencia. Uno,
fue la relación con sus padres. Una hija rebelde no es una
cristiana llena del Espíritu. La Biblia dice claramente: «Hijos, obedeced[...] a vuestros padres», y «Honra a tu padre
y a tu madre». Cuando tuvo el deseo de agradar a Dios en
todo, le fue necesario entregar su espíritu rebelde a Dios y
acatar su enseñanza respecto a la obediencia a los padres.
Ahora sus progenitores se encuentran muy contentos con
ella, y entre todos hay una hermosa relación de compañerismo.

El otro aspecto de su vida, que cambió totalmente, fue
el de la autoaceptación. Cuando supo que Dios la aceptaba
tal como era, con todos sus problemas, comenzó a cambiar
su manera de pensar. Se había estado midiendo, hasta ese
momento, de acuerdo con las medidas de la sociedad. Su
perspectiva de las cosas se había enturbiado por la amargura y el resentimiento que sentía para con su Creador. Cuando pudo confesar ciertas cosas en su vida y corregirlas, comenzó también a darse cuenta de que era una pieza «hecha

a mano», preparada para un propósito específico por la misma mano de Dios.

¡A buscar novio!

Los años de noviazgo representan un momento de su vida femenina al que debe entrarse con suma cautela y con sabia guía. Este es un momento crítico para evaluar las debilidades de su temperamento y así evitar que las emociones guíen al corazón. Es necesario tener convicciones claramente establecidas antes de entrar al noviazgo. Es imprescindible que antes de salir de su casa, ya tenga bien asentadas en su mente cuáles han de ser las normas elementales a seguir. Es demasiado tarde tratar de decidir cuáles han de ser las reglas del juego, cuando se encuentra anudada en un abrazo en un auto estacionado. Dios tiene sus propias ideas bien claras al respecto. Debemos recordar que somos criaturas de Dios por las cuales Él entregó a su único Hijo. ¿Acaso no le interesa a Dios con quién salimos, a dónde vamos, y cómo nos comportamos? ¡Por supuesto que sí! Si lo que deseamos es un noviazgo controlado por el Espíritu, entonces es necesario tomar en cuenta los deseos de Dios para nosotros. En 2 Corintios 6.14 se nos dice con toda claridad la clase de hombres con los cuales Dios quiere que nos casemos: «No os unáis en yugo desigual con los incrédulos; porque, ¿qué compañerismo tiene la justicia con la injusticia? ¿Y qué comunión la luz con las tinieblas?»

Por supuesto, no estamos hablando de casamiento sino de noviazgo, pero están estrechamente vinculados: una manera segura de no terminar casándonos con un muchacho no cristiano, es empezar por no tener noviazgos con quienes no son creyentes.

Cuando Dios dice: «Hijos, obedeced[...] a vuestros padres», ciertamente está incluyendo a las chicas adolescentes y a las mujeres jóvenes. Si sus padres tienen ciertas normas establecidas para su conducta durante el noviazgo, es bueno reconocer que lo hacen por amor a usted, y para protegerla de las tentaciones y peligros que rodean esta etapa de su vida. Cuando un muchacho está dispuesto a obedecer ciertas reglas y respetar las normas establecidas por su hogar, muestra verdadera fuerza de carácter de su parte. Cuidado con el joven que la anima a hacer trampas en las reglas de noviazgo que sus padres han establecido para usted. Si sus padres no han establecido directivas para protegerla, establezca usted las normas cristianas que desea para su vida... y acátelas. Si tiene alguna duda respecto de hasta dónde debe llegar en una relación sexual antes del matrimonio, deseo animarla a solicitar orientación de su ministro o de un consejero cristiano. *Concerned Women for America* ha producido un maravilloso video para adolescentes sobre el tema de la abstinencia, titulado «Wait for Me» [Espérame]. Este video da respuestas sinceras sobre por qué debe esperar hasta el matrimonio para el sexo. Ayuda a la joven a saber cómo decir «no».

Una de nuestras hijas llegó a una encrucijada en su noviazgo el día en que debió elegir entre obedecer a sus padres o complacer a su novio. A este muchacho le fastidiaban las normas que habíamos establecido para el comportamiento de nuestra hija. Cada vez que hablaba por teléfono, trataba de organizar las cosas a su manera y lograr que cambiáramos las reglas, de una forma u otra. Esto ponía a nuestra hija en una situación muy conflictiva, y la tensión parecía crecer entre nosotros cada vez que él llamaba. Por último nuestra hija decidió que ya no podía aguantar más la situación, y le pidió optar entre salir con ella y someterse a las reglas que sus padres habían establecido, o no salir más.

Después de unos días el muchacho decidió no volver a salir con ella. Nos manifestó con toda audacia que nuestra hija estaba acostumbrada a más disciplina que él, y sencillamente no deseaba sentirse presionado de esa manera.

No fue fácil para nuestra hija, pero creció mucho espiritualmente. Todo esto nos demostró que, al fin de cuentas, el muchacho no era lo que nuestra hija necesitaba. Deseábamos que llegara a casarse con un muchacho con entereza de carácter y disciplina tales, que fuera capaz de obrar correctamente, aun en contra de sus deseos. Hemos visto repetidas veces que la gente joven dispuesta a rebelarse a sus padres, se inclina a ser rebelde a Dios, y finalmente, también termina siendo rebelde en su relación matrimonial.

Antes de decir «sí, lo acepto»

«Por tanto, no seáis insensatos, sino entendidos de cuál sea la voluntad del Señor» (Efesios 5.17).

Cuando nos enamoramos, resulta muy difícil pensar todo el tiempo con claridad y ser objetivas en cuanto a la voluntad de Dios para nuestra vida. El momento para buscar la guía del Señor es *antes* de que llegue el amor, pues una vez que estamos enamoradas, el corazón nos puede hacer muchas malas jugadas. Ya que es más probable enamorarnos de alguien con quien estamos saliendo, es mejor pedir a Dios desde el mismo comienzo que nos indique con quién debemos salir. Si seguimos este plan nos mantendremos en la senda correcta, y eso nos permitirá elegir con serenidad y liquidase el compañero de nuestra vida.

¿Qué clase de hombre debemos considerar como futuro compañero matrimonial? No basta con que empecemos a buscar un galán buen mozo, alto y de cabello oscuro. Llegará el día en que esos rasgos cambien, y ese hombre apuesto

puede parecerse más a una pelota playera madura. No todos los hombres elegantes, altos y de cabello oscuro son
necesariamente buenos maridos. El «hombre de nuestros
sueños» será alguien con quién nos tendremos que sentar
frente a frente día tras día. Será alguien que nos verá en las
buenas y en las malas. Habrá momentos en que dejará de
ser «el hombre de nuestros sueños»... ¡más bien se convertirá en nuestra pesadilla! Pero lo habremos elegido para
acompañarlo en tiempos de felicidad y en tiempos de dolor,
en riqueza o en pobreza, en salud y en enfermedad, hasta
que la muerte nos separe... En estos momentos ni su estatura ni el color de su piel, ni su porte, tendrán mucho que ver
con su capacidad para ser un buen esposo día tras día y año
tras año.

¿Quién es este hombre realmente? Es preciso mirar más
allá de las apariencias y considerar cómo es el verdadero
hombre que hay dentro.

¿Es un hombre de buen carácter y de integridad?

¿Cuál es su relación con Cristo?

¿Es activo en una iglesia que realmente cree y respeta la
Palabra de Dios?

¿Es bondadoso y considerado con los demás?

¿Cómo trata a su madre?

¿Habla solamente de sí mismo?

¿Cuánto interés muestra por las necesidades e intereses
de usted?

¿Es capaz de controlar la atracción física que ejerce usted sobre él?

¿Toma en cuenta su reputación y respeta sus convicciones morales y normas de vida?

¿La trata como a una dama?

¿Está dispuesto a amarla como Cristo amó a la Iglesia?

En Efesios 5.25-33 las Escrituras definen claramente las responsabilidades que un esposo tiene para con su esposa:

> Maridos, amad a vuestras mujeres, así como Cristo amó a la iglesia, y se entregó a sí mismo por ella, para santificarla, habiéndola purificado en el lavamiento del agua por la palabra, a fin de presentársela a sí mismo, una Iglesia gloriosa, que no tuviese mancha ni arruga ni cosa semejante, sino que fuese santa y sin mancha. Así también los maridos deben amar a sus mujeres como a sus mismos cuerpos. El que ama a su mujer, a sí mismo se ama. Porque nadie aborreció jamás a su propia carne, sino que la sustenta y la cuida, como también Cristo a la Iglesia, porque somos miembros de su cuerpo, de su carne y de sus huesos. Por esto dejará el hombre a su padre y a su madre, y se unirá a su mujer, y los dos serán una sola carne. Grande es este misterio; mas yo digo esto respecto de Cristo y de la Iglesia. Por lo demás, cada uno de vosotros ame también a su mujer como a sí mismo; y la mujer respete a su marido.

Este es el momento de observarlo detenidamente. Haga todas las preguntas que desee hacer. Es mucho más prudente hacerlas ahora, que desear haberlas hecho, de aquí a algunos años.

De todos los temperamentos, el de Marta Melancólica es el que hará el mayor número de preguntas: ¡No se cansará de hacer preguntas porque está buscando al hombre perfecto! Se enamorará de alguien creyendo que es el «hombre ideal» para descubrir después que es humano y tiene algunas debilidades. Entonces sentirá deseos de romper el compromiso y anular la boda. Esto es mucho mejor que abandonarlo después de haberse casado con él. Sin embargo, debería comprender que el Espíritu Santo es capaz de ayudar a ambos a superar sus debilidades. ¡Al fin de cuentas ella también tiene debilidades! ¡Qué hermoso es ver a una pareja joven ingresar en la relación matrimonial pidiendo ser llenos del Espíritu Santo de modo que sus virtudes y debilidades se mezclen y hagan de ellos una sola persona!

Marta puede dar la impresión de ser orgullosa y poco acogedora, cuando en realidad no lo es. Por ser retraída y tender a buscar la soledad, da la impresión de no ser muy amistosa. Los muchachos se sienten incómodos con ella y no suelen sentir mucho interés en invitarla a salir. Su personalidad y su vida de relación se verían muy favorecidas si pudiera ponerse en manos de Dios para que Él la ayude a desarrollar un espíritu más decidido y una actitud más amistosa hacia los demás.

Felisa Flemática suele tener más de un pretendiente porque su carácter afable hace que sea fácil y placentero estar con ella. Sin embargo, es sumamente tímida y no tiene confianza. De todos los temperamentos, será la más sorprendida cuando su futuro esposo le proponga matrimonio, y se preguntará qué pasó para que él la quisiera.

En una encuesta que realizamos mi esposo y yo, como base para nuestro libro: *El acto matrimonial* (Editorial CLIE, Barcelona, España, 1977), descubrimos que la mujer flemática suele tener relaciones sexuales premaritales con más frecuencia que el hombre de temperamento flemático. Suele comprometerse con muchachos de temperamento más fuerte que el suyo y está generalmente ansiosa de agradar, por ello es más factible que ceda aun en contra de sus convicciones. Es en este momento que necesita desesperadamente el sabio discernimiento del Espíritu Santo, para determinar lo que está bien y lo que está mal. No es necesario ser arrastrada junto con las emociones de su novio. Dios puede estabilizar su ánimo y ayudarla a evaluar completamente la situación, antes de hacer una entrega total al que ha de ser su marido.

Clara Colérica suele querer casarse muy joven y luego seguir adelante con otros proyectos. Tiene tendencia a precipitarse al matrimonio sin analizar debidamente los pro y los contra, sin evaluar la relación o el futuro con un muchacho. Probablemente se sienta confiada de poder enfrentarse a cualquier problema que le depare el futuro. Su mayor necesidad en este momento es detenerse y esperar la guía del Espíritu Santo en sus decisiones. Sin embargo, Clara es tan dinámica que tendrá la tendencia a alejar de sí a los muchachos, ya que su espíritu dominante podría representar una amenaza para ellos. Dios tiene un plan para ella y Clara debe aprender a moverse en armonía con los tiempos de Dios.

Sara Sanguínea es tan afectuosa por naturaleza que probablemente se enamore varias veces antes de asentarse. Su modo de ser, tan amistoso y abierto, hace que muchos muchachos la tomen por coqueta y les haga perder la cabeza. Una chica debe aprender la diferencia entre la coquetería y la amistad genuina. De algún modo Sara deberá encontrar un feliz punto medio en el cual pueda ser verdaderamente libre, en lugar de permanecer inhibida, consciente de sí o agresiva en exceso. El amor de Dios se reflejará en su vida a través de un espíritu amistoso y lleno de gracia, y le permitirá guardar un correcto equilibrio en sus amistades. Pero debido a su ingenuidad y simpleza, Sara necesita un cerco protector especial del Espíritu Santo alrededor de ella. Se la puede convencer con facilidad y llevar a tomar decisiones equivocadas, que afecten toda su vida. Su corazón comprensivo y bondadoso podrá hacer que se case simplemente por simpatía y no por amor. Sara necesita estar llena del

Espíritu Santo, tanto como las jóvenes de los demás temperamentos, pero más que ninguna otra, necesitará la guía de
Dios para desarrollar firmeza de convicciones y fuerza de
carácter para vivir de acuerdo con ellas.

Tentaciones inconscientes

El tema que sigue representa un punto muy difícil de
tratar, pero siento la necesidad de hacerlo. Resulta muy fácil
para una jovencita excitar a un muchacho sin tener plena
consciencia de lo que está haciendo. Es triste decirlo, pero
muchas chicas y mujeres cristianas se comportan descuida-
damente en este aspecto. He visto chicas hermosas vestirse
y comportarse de tal forma que excitan a los muchachos
causándoles problemas de lujuria y malos pensamientos. A
menudo la respuesta es que el problema es del muchacho y
no de la mujer. Pero ¿es así en realidad? Es cierto que un
hombre cristiano debe vencer la tentación de codiciar a una
mujer, pero creo que Dios asigna a la mujer responsabilidad
por el modo de vestir y conducirse.

Una chica encantadora salía un día de la iglesia del brazo de su novio y sin ningún cuidado permitía que su busto
rozara contra el muchacho. ¿Es posible creer que ni siquiera
se daba cuenta de lo que le hacía a él? Quizás, pero creo que
si está viva tiene plena consciencia. En otra ocasión pude
observar a una chica sumamente atractiva, acurrucada junto a su novio en el banco de la iglesia. Pero durante el ser-
món alargó su mano, la colocó sobre el muslo de él y lo
acariciaba tiernamente. Parecía un acto muy inocente, sin
embargo les puedo asegurar que casi se podían escuchar los
fuegos artificiales que se encendían en los órganos sexuales
del joven muchacho.

Una cosa que toda chica debe tener presente es que su

cuerpo es templo del Espíritu Santo. En 2 Corintios 6.16 se nos dice: «Porque vosotros sois el templo del Dios viviente, como dijo Dios: Habitaré y andaré entre ellos, y seré su Dios, y ellos serán mi pueblo».

Usted no es dueña de su propio cuerpo. Si es cristiana, ha sido comprada por precio; por lo tanto debería glorificar a Dios con su cuerpo.

Y esto nos lleva a otro tema: nuestro vestir. Hay tres categorías de ropa: 1) la ropa sugestiva, destinada a seducir, 2) la ropa liberada, que no seduce ni atrae, pero permite a la mujer desenvolverse como quiere y expresar su rebeldía; y 3) el estilo modesto y femenino, que es atractivo. El estilo seductor se caracteriza por faldas muy cortas, pantalones o suéteres muy ajustados, la línea sin corpiño o ajustador y escotes profundos. Todo esto deja poco a la imaginación masculina y produce un resultado más seductor que atractivo. A fin de determinar si su falda es demasiado corta, siéntese en una silla frente a un espejo, habiéndose puesto la falda en cuestión, y cruce las piernas (posición que suelen adoptar las mujeres al sentarse). Decida usted si ésta es la impresión e imagen que desea producir en sus amigos o en desconocidos. Pregúntese, ¿qué habrá de hacer un hombre, qué será lo que piense o hacia dónde mirará si me presento en esta condición?

El estilo liberado puede ser cualquier cosa, desde el *blue-jean* desteñido y rotoso, al estilo simplón, hasta la ropa masculina. Estilos de esta naturaleza hacen que mucha gente se dé vuelta a mirar, pero pocas veces con aprobación. La modalidad femenina se muestra por medio de la ropa modesta, que no resulta sexualmente sugestiva, sino de buen gusto y atractiva, y presenta una mística femenina. Es nuestro deber ser modestas, atractivas, atrayentes, y sobre todo femeninas, tal como Dios nos hizo.

¿Por qué se viste como lo hace? Considere seriamente esta pregunta y responda con sinceridad. ¿Es porque piensa que no es otra cosa que un objeto sexual y eso es todo lo que posee para atraer al hombre que desea? Si esa es su motivación, ¡entonces sí tiene un problema y carece de una opinión elevada de quién es en realidad! Su aspecto ciertamente habrá de delatarla. ¿O se viste así porque está contenta de ser femenina, orgullosa de ser mujer y desea representar a una persona de carácter y disciplina? ¿Por qué me estoy refiriendo a esto? Porque el libro trata el tema de la mujer sujeta al Espíritu y considero este asunto como un impedimento básico que no permite a la mujer brindar aspecto de piedad.

En muchos casos creo que las mujeres no se dan cuenta respecto al efecto causado en el hombre por las prendas de vestir. Hace poco conocí a una mujer así. Era una excelente cristiana, muy activa en el programa de su iglesia, y probablemente una de las que tenía mayor éxito en la evangelización. Sin embargo, su ropa comenzó a constituir un problema para algunos hombres. Usaba faldas extremadamente cortas evidenciando una porción considerable de sus piernas bien formadas y, cuando estaba sentada, quedaba aun más expuesta la parte superior de su muslo. Finalmente, la esposa del pastor decidió hablarle en privado acerca del revuelo que causaba, orando primero para no ofenderla con sus palabras y ser recibida en el espíritu adecuado. Según resultó, esta buena mujer no tenía idea de que causaba un problema o de lo ofensivo de su ropa. Su deseo sincero era agradar al Señor y ser un testimonio vivo de la presencia de Cristo en su vida. Así que después de agradecer a la esposa del pastor por haberse dirigido a ella con una actitud tan llena de gracia, se dispuso a usar una ropa más modesta, y con un estilo más semejante a Cristo. ¡Esa respuesta sólo podía venir de una mujer llena del Espíritu!

Compañerismo o confusión

Muchas chicas se ven obligadas a vivir en un departamento con otra amiga para reducir los gastos de mantenimiento, así como también para suplir la necesidad de compañerismo que todos tenemos. Esta experiencia constituye una manera de comprobar si estamos llenos del Espíritu Santo y una excelente preparación para la vida matrimonial. Probablemente se decidan a convivir dos chicas de temperamentos opuestos... y esto puede constituir el comienzo de sus dificultades. La chica de temperamento sanguíneo acostumbrará a dejar su ropa colgada de las manijas o en el respaldo de las sillas, mientras que la colérica querrá imponerse con una actitud autoritaria y dirigir las cosas. Ambas pueden ser el origen de muchos dolores de cabeza. Habrá jóvenes con ideas muy decididas acerca de cómo se debe cocinar, dónde deben ser colocados los muebles, cuál debe ser el grado de limpieza del apartamento, cómo distribuir el presupuesto para las provisiones, y miles de cosas más. Este podría constituir un gran período de aprendizaje y ajuste, a fin de experimentar la convivencia con otros temperamentos. Pero es preciso estar atenta a los problemas potenciales desde un principio, conociendo a quien va a ser compañera de vivienda: su temperamento, su trasfondo, su nivel de espiritualidad. No pocas veces se establecen malos precedentes en el comienzo de una situación de convivencia que luego son difíciles de romper por temor a herir los sentimientos.

Muchas de las personas que asisten a los seminarios de vida matrimonial dirigidos por mi esposo y yo, son personas solteras que reciben gran ayuda de nuestros estudios acerca del temperamento, pues aprenden a vivir mejor con otros. Este estudio es, además, una buena preparación para la vida de casados. Nos enseña a dar y recibir, a no querer salirnos siempre con la nuestra, a ser capaces de aceptar las debilidades y reconocer los puntos fuertes de otra persona. Pida al Señor que le dé bondad y sabiduría, y sobre todo, que la ayude a estar cada instante bajo el control del Espíritu Santo.

Probablemente se decidan a convivir dos chicas de temperamentos opuestos... y esto puede constituir el comienzo de sus dificultades.

Hay que estar prevenidos contra una posible atracción física indebida por parte de nuestra compañera de vivienda. Es triste decirlo, pero esto pasa algunas veces en el mundo actual... especialmente si una se siente sola, es extremadamente afectuosa y carece de sentimiento de seguridad. Pero esto no va a suceder si usted y su compañera de cuarto andan en el Espíritu y están activamente involucradas en una iglesia de orientación bíblica. El secreto, entonces, es estar segura de que su relación con el Señor sea correcta... ¡asegúrese de que Él esté en primer lugar!

El sexo y la vida de soltera

Las mujeres solteras de diversas edades tienen las mismas inclinaciones sexuales básicas que Dios puso en todos los seres humanos. Algunas jóvenes afortunadas no luchan tanto con este asunto, como otras. A pesar de todo, representa una verdadera lucha en la vida. Nuestra cultura actual se caracteriza por apuntar decididamente hacia involucrarse en una relación sexual. Nos rodea la sugerencia de que esto constituye la norma y que todos lo están haciendo. Desafortunadamente, hay cada vez mayor número de jóvenes solteros de sexo opuesto que eligen convivir. En la comunidad secular de la actualidad, las relaciones sexuales entre solteros más o menos se da por sentado, pero las normas de Dios no cambian.

Las relaciones sexuales con hombres fuera del marco matrimonial pueden ser muy tentadoras y totalmente accesibles a cualquier mujer soltera (esto incluye jóvenes, de mediana y de tercera edad). Un artículo aparecido en una revista secular dio unas cifras realmente alarmantes acerca de la vida sexual de la mujer oficinista. Una encuesta efectuada a 2.500 secretarias reveló que un 40% de ellas tenía relaciones sexuales durante la hora del almuerzo. ¿Qué induce a las secretarias a tener relaciones sexuales con sus empleadores, si saben que no pueden llegar a casarse con ellos? Probablemente muchas lo hagan porque se sienten desesperadamente solas, y están dispuestas a pagar cualquier precio por un poco de ternura, aunque sepan que es sólo temporal. O quizás sea por la idea de que el sexo es necesario para mantener su trabajo. Si eso es cierto, ¡debes salir de ese trabajo lo antes posible! Dios bendice únicamente a aquellos que obedecen sus mandamientos.

Un artículo escrito por el doctor Robert J. Collins, de la Clínica Geriátrica de Loretto, en Siracusa, Nueva York (del *Journal of American Medical Association*, 28 de abril de 1975) afirma que entre las fallas básicas que manifiesta la «nueva moral» está la de suponer que la sexualidad del varón es equivalente a la sexualidad de la mujer. Para el hombre, la sexualidad puede quedar totalmente separada del resto de su personalidad, mientras que para la mujer y su compleja estructura emocional, el sexo representa la totalidad de su existencia personal. El doctor Collins expresa que mientras que las promesas tiernas y cálidas y las caricias, son una delicia para la mujer, el acto sexual, en sí mismo, generalmente la deja pensando «¿y esto es todo lo que es?»

Dios ha dado instrucciones muy definidas al respecto:

> [...]No erréis; ni los fornicarios, ni los idólatras, ni los adúlteros, ni los afeminados, ni los que se echan con varones, ni los ladrones, ni los avaros, ni los borrachos, ni los maldicientes, ni los estafadores, heredarán el reino de Dios. Y esto érais algunos; mas ya habéis sido lavados, ya habéis sido santificados, ya habéis sido justificados en el nombre del Señor Jesús, y por el Espíritu de nuestro Dios (1 Corintios 6.9-11).
>
> Pero el cuerpo no es para la fornicación, sino para el Señor, y el Señor para el cuerpo (1 Corintios 6.13).
>
> Huid de la fornicación. Cualquier otro pecado que el hombre cometa, está fuera del cuerpo, mas el que fornica, contra su propio cuerpo peca (1 Corintios 6.18).

Pablo dice que algunos han sido adúlteros y fornicarios, pero que ahora han sido perdonados, santificados y justificados en el nombre del Señor Jesús, y por medio del Espíritu de Dios. No hace ninguna excepción para relaciones premaritales para la mujer que desea ser una persona llena del Espíritu.

Muchas personas considerarán esta norma como un tanto remilgada, ya que, después de todo, el sexo es un goce que satisface una necesidad puesta en nosotros por Dios

mismo. Pero un aspecto que el mundo está rara vez dispuesto a tratar, cuando discute el tema del amor libre y la
promiscuidad, es el doloroso saldo del pecado. La Biblia
enseña que el hombre tiene una conciencia que lo acusa o
lo justifica de acuerdo con su conducta (Romanos 2.15).
Desde un punto de vista práctico, la acusación de la conciencia convierte en un hecho inadecuado el éxtasis de la
unión sexual, cuando se la compara con la carga de culpa-
bilidad que crea. La experiencia sexual sólo ocupa un breve
lapso de nuestro tiempo, mientras que el peso de la culpa
debe ser arrastrado por un largo tiempo. Además de este
factor, se encuentra el riesgo de infección de cualquiera de
las enfermedades de transmisión sexual, más de cincuenta,
algunas de las cuales son incurables. La amenaza mayor,
por supuesto, es ser infectada por la condena a muerte del
virus HIV. Pero más allá de las enfermedades, se encuentra
el hecho de que resulta imposible crecer espiritualmente
mientras se están violando las normas de Dios, en lo referente a la conducta sexual. He aconsejado a muchas mujeres
solteras que estaban pasando por estados de depresión y
estancamiento espiritual, para descubrir finalmente que la
causa real era el mal uso de sus instintos sexuales.

Dios nos ama y está interesado en nuestras relaciones
sexuales. Después de todo, Él creó el sexo. No nos precipi-
temos antes que llegue el momento propicio. Una hermosa
joven creyente oró de esta forma en cierta oportunidad:
«¡Dios mío, haz que pueda guardar mi cuerpo intacto para
aquel que tú me estás preparando, y haz que él pueda guardar su cuerpo solamente para mí!»

Solteras para el servicio de Dios

En algún momento de su vida una mujer soltera deberá

enfrentar el hecho de que quizás Dios no tenía en mente la vida matrimonial para ella, sino que haya sido elegida para permanecer soltera toda su vida. En vista de que hay 109 mujeres para cada 100 hombres, es obvio que no todas podrán casarse. Nos preguntamos: ¿es posible que Dios conceda una vida rica y plena de sentido, a una mujer fuera del matrimonio? ¿Puede Dios limitarse simplemente porque una mujer no tiene marido? ¡Por supuesto que no! Nuestra relación con Cristo se funda, de todas maneras, sobre bases individuales. Un esposo no puede crecer espiritualmente por su esposa. Más aún: es un hecho comprobado que muchas mujeres podrían haber crecido espiritualmente, de no haber mediado la interferencia de sus maridos. Sin embargo, cada una de nosotras es quien determina individualmente nuestra relación con Cristo. Dejemos que Cristo termine aquello que comenzó en nosotros: «Estando persuadido de esto, que el que comenzó en vosotros la buena obra, la perfeccionará hasta el día de Jesucristo» (Filipenses 1.6). La relación de amor entre usted y Dios es para siempre, no solamente hasta que se case o hasta que se muera.

Y si Dios la ha llamado a una vida de soltería, también la ha llamado a una relación especialmente hermosa con Él. Se podrá concentrar en servir al Señor y agradarle a Él solamente. «La doncella tiene cuidado de las cosas del Señor, para ser santa así en cuerpo como en espíritu; pero la casada tiene cuidado de las cosas del mundo, de cómo agradar a su marido» (1 Corintios 7.34).

La iglesia local le ofrece muchas oportunidades de servicio cristiano para ayudarle a enriquecer su vida. Puede considerar la posibilidad de hacerse cargo de una clase de la Escuela Dominical, para otras personas solteras, o asumir la tarea de extender hospitalidad cristiana a otros de la iglesia, o participar activamente del ministerio de evangelización. Comprometerse en un trabajo con niñas adolescentes (ya sea abriendo su hogar a las adolescentes a fin de realizar un estudio bíblico, enseñando la Escuela Dominical o brindando ayuda en el centro local de apoyo a la embarazada, etc.) puede constituir una experiencia enriquecedora. Nuestro objetivo básico en la vida, nuestro deseo supremo, debiera ser brindar placer al corazón de Dios.

> Señor, digno eres de recibir la gloria y la honra y el poder; porque tú creaste todas las cosas, y por tu voluntad existen y fueron creadas (Apocalipsis 4.11).

> (Jesús dijo:) Porque todo el que quiera salvar su vida, la perderá; y todo el que pierda su vida por causa de mí y del evangelio, la salvará (Marcos 8.35).

La vida de soltera depende de lo que se haga con ella. Puede constituir una vida rica, plena y llena de satisfacciones, o una existencia de autoconmiseración. Una joven soltera de 29 años demostraba tanto interés por casarse, que alejaba a los muchachos atemorizándolos. Estaba obsesionada por la idea de casarse para no tener que pasar la vida sola. Mientras tanto, su amiga, tres años menor que ella y casada, estaba pasando por serias desavenencias matrimoniales. Una noche, en medio de la crisis, esta amiga salió del campo de batalla de su hogar y fue al apartamento de su amiga soltera a desahogarse de sus problemas. Después de escuchar a su amiga casada por cerca de dos horas, terminó por darse cuenta que, después de todo, ella no la pasaba tan mal. Su apartamento no era un campo de batalla, sino un lugar de descanso. Entonces las paredes se convirtieron en un lugar de tranquilidad en vez de una guarida de soledad.

Aprendió a agradecer a Dios por su paz mental y a encontrar contentamiento en la situación que le tocaba.

Pues he aprendido a contentarme, cualquiera que sea mi situación (Filipenses 4.11).

11

Casados para toda la vida

*L*as mujeres han jugado un papel importante a lo largo de la historia del mundo, a pesar de lo que en la actualidad algunos quisieran hacer creer. Alguien ha dicho que «La mano que mece la cuna, gobierna al mundo». Otro refrán conocido es aquel que reza: «Siempre hay una gran mujer detrás de un hombre de éxito».

La mujer es una parte necesaria del hombre, una parte que lo hace sentirse realizado y completo. Dios creó a la mujer muy especialmente de una de las costillas de Adán: «Entonces Jehová Dios hizo caer sueño profundo sobre Adán, y mientras éste dormía, tomó una de sus costillas y cerró la carne en su lugar. Y de la costilla que Jehová Dios tomó del hombre, hizo una mujer, y la trajo al hombre» (Génesis 2.21,22).

La mujer es una parte del hombre. No una parte inferior, ni tampoco superior, sino alguien igual al hombre. Ella es la provisión que Dios hizo para que el hombre se sintiera totalmente realizado; de igual manera, Dios diseñó al hombre para que fuese proveedor, protector y amante de la mujer.

Dios ideó el matrimonio para ser una relación dinámica y satisfactoria, y para que tanto el marido como la mujer pudieran sentirse atraídos el uno por el otro. Puedo decir con sinceridad que después de cuarenta años y algo más de matrimonio, mi esposo, Tim, es mi mejor amigo... y todavía me emociona. Mi corazón late con más fuerza cada vez que entra a la habitación donde estoy.

Unidos en Cristo

La meta más importante para cada miembro de la pareja es aprender a seguir los preceptos de Dios para el matrimonio. Los designios de Dios son verdaderos y su aplicación da resultado. No podemos llegar a realizarnos plenamente como individuos si Dios no es lo principal en nuestra vida. Todo hombre y toda mujer es básicamente un individuo centrado en sí mismo, y el matrimonio es la mezcla o la unidad de dos naturalezas diferentes vertidas en una sola. Por lo tanto es importante que los esposos (él y ella) sean creyentes en Cristo y hayan entregado sus naturalezas egocéntricas a Él. Esto representa un paso gigante hacia lograr un matrimonio feliz y exitoso. Para alcanzar la unidad matrimonial en Cristo, es indispensable que cada uno de los miembros de la pareja esté lleno del Espíritu Santo y tenga una naturaleza Cristocéntrica. Y en el matrimonio es importante comprender los temperamentos y cómo, por medio de Cristo, los diferentes temperamentos pueden ayudar a fortalecerlo: «Pero si andamos en luz, como Él está en luz, tenemos comunión unos con otros, y la sangre de Jesucristo su Hijo nos limpia de todo pecado» (1 Juan 1.7).

Temperamentos opuestos; ¿bendición o maldición?

La mayoría de los jóvenes, que se quieren, sólo ven los

puntos fuertes del otro antes de casarse. Sin embargo, muchas de nosotras solemos sentirnos atraídas hacia hombres fuertes en aquellas áreas en que nosotras somos débiles. Pero después de contraer matrimonio es cuando empiezan a surgir y a hacerse patentes las debilidades del cónyuge. El matrimonio pareciera hacer aflorar las debilidades y traerlas a la superficie. ¡Es entonces cuando la novia se da cuenta de que no se casó con el hombre perfecto que ella creía!

Si me hubieran preguntado hace quince años cuáles eran las debilidades de mi esposo que me causaban irritación, podría haber escrito un capítulo acerca de ellas. Aunque parezca extraño, hoy, cuando trato de pensar en aquellas cosas que parecían estar calando una profunda grieta entre nosotros, me resulta casi imposible recordarlas. La obra del Espíritu Santo en nuestras vidas ha derretido nuestras diferencias y debilidades combinándolas, de tal modo que nos fortalecemos mutuamente. Nos necesitamos uno al otro. Yo necesito de los puntos fuertes de mi esposo y él necesita de los míos. Juntos podemos ser una torre fuerte al enfrentarnos a los problemas de la vida y llevar a cabo la obra del Señor por estar nuestras vidas llenas del Espíritu Santo.

En cierta oportunidad, mi esposo y yo, pudimos observar un maravilloso ejemplo de dos opuestos que se fortalecían mutuamente, cuando le pidieron a mi esposo que tuviera a su cargo la ceremonia nupcial de una hermosa pareja. La novia tenía el temperamento más sanguíneo que puede llegar a tenerse y el novio era evidentemente un melancólico en el sentido más amplio del vocablo. Llegó el día de la boda, y una hora antes de la ceremonia, la novia estaba yendo y viniendo con todo entusiasmo, por la nave de la iglesia, traje y velo flotando a medida que repartía las flores de la solapa y los ramilletes a sus acompañantes. Su sonrisa era radiante y saludaba a todo el mundo. ¡Este era el día de su boda y lo estaba disfrutando al máximo!

❧

Después de contraer matrimonio es cuando empiezan a surgir y a hacerse patentes las debilidades del cónyuge. El matrimonio pareciera hacer aflorar las debilidades y traerlas a la superficie. ¡Es entonces cuando la novia se da cuenta de que no se casó con el hombre perfecto que ella creía!

❧

Mientras tanto, mi esposo estaba en la oficina tratando de animar al novio melancólico, extremadamente nervioso, preocupado por si vendría gente a la boda, si tenía el anillo consigo e incluso si la novia llegaría a tiempo. Ni siquiera sabía lo que estaba pasando en el salón de la iglesia. Luego comenzó la ceremonia y todo transcurrió hermosamente, hasta que llegó el momento en que los novios debían arrodillarse delante del altar mientras un solista cantaba el «Padrenuestro». Al escuchar un pequeño murmullo, mi esposo se fijó en la pareja y observó que las lágrimas rodaban copiosamente por las mejillas del novio. La novia se hizo cargo inmediatamente de la situación, le guiñó el ojo a mi esposo, sacó un pañuelo de entre las puntillas de su escote y lo pasó al novio. Él se secó los ojos y lo devolvió, y en el momento preciso en que el solista cantaba la última nota, la novia alcanzó a guardar el pañuelo húmedo en el escote y sonreír radiante como si nada hubiera pasado. ¡Se necesitaban mutuamente! Esta ocasión era sólo el comienzo que había puesto en evidencia la habilidad de la joven para llevar alegría a la vida de su esposo y quizás secar muchas de sus lágrimas. Y él ya estaba compartiendo con ella una naturaleza de gran sensibilidad que podría enriquecerla en los años venideros. ¡Gracias a Dios existen los temperamentos opuestos!

La belleza o la bestia

Se han escrito muchos libros para estimular a las mujeres a mejorar su aspecto exterior. Yo creo firmemente que cuando una mujer se acepta totalmente como una creación de Dios, hará lo posible para podar, recortar, y embellecer (la manicura y la pintura incluidas) lo que es objeto del amor y cuidado de Dios. Qué ástima da el ver a una mujer que ha crecido en belleza interior pero no ha hecho nada por proveer un marco adecuado para albergarla. Por otra parte, qué hermosa es la mujer que ha obedecido las instrucciones de 1 Pedro 3 para desarrollar a la mujer oculta en el corazón y luego ha dedicado un cuidado especial para embellecer y arreglar el lugar en que ésta mora.

No hace mucho, mi esposo y yo, estábamos almorzando en un restaurante. Casi se nos arruinó la comida cuando escuchamos a un señor en la mesa vecina decirle a su esposa: «Pareces un diablo. Aparentas tener ochenta y cinco años. ¿Por qué no eres capaz de dedicar cinco minutos a arreglarte y ponerte una peluca?» Este hombre no tenía razón de rebajar a su esposa de esa forma. Era verdad... ella sí tenía un aspecto lamentable, pero había muchas otras maneras de poder comunicar el mismo mensaje con amor. Mas, eso tampoco justifica la actitud de la mujer. ¡Vaya a saber cuántos años debió vivir con una esposa desaliñada! Con todos los productos que existen hoy en día, no hay razón para que una mujer se deje llegar a esta situación. Las

mujeres no tienen por qué ser identificadas por una apariencia burda y abatida. Dios ha creado a todas las cosas con
belleza. Estoy segura de que a Él le complace ver como la
mujer cuida de esta obra de sus manos. Dios desea que la
mujer oculta, la del corazón, sea hermosa; pero un poco de
trabajo dedicado a la mujer exterior, ayuda a la persona en
su totalidad. Yo creo que honra a Dios.

Del conflicto a la armonía

Con la bendición y enriquecimiento que surgen de temperamentos opuestos, aparece la necesidad de hacer adap-
taciones. Nuestras diferencias no necesitan arrastrarnos al
divorcio, ni constituir una amenaza para el matrimonio.
Cuando dos personas se casan se requiere un acuerdo, un
compromiso de por vida, para lograr que resulte. El secreto
está en saber cómo manejar esas diferencias, ya que los buenos matrimonios lograrán superar cualquier tipo de conflicto. Aquellos que sobreviven a conflictos serios son los
que tratan con sus problemas con un espíritu de oración y
se dejan guiar por el Espíritu Santo. Como tales, es de suma
importancia para las esposas orar por su matrimonio de
cuatro maneras diferentes:

Primeramente, es preciso orar acerca de su propia actitud y respuesta a un problema. Cuando examine su corazón
posiblemente descubra allí cosas para confesar. No es posible ser llena del Espíritu Santo si se tienen actitudes y emociones equivocadas.

En segundo lugar, ore por su marido, aun en aquellos
momentos cuando posiblemente no se sienta con ánimo de
orar por él. A pesar de todo, pida a Dios lo ayude a evaluar
la situación y a reconocer sus limitaciones.

En tercer lugar, clame de Dios la ayuda para poder conversar adecuadamente del problema con su esposo. Las cosas pueden arruinarse completamente cuando queremos discutirlas apoyándonos en nuestro propio criterio y con nuestras fuerzas.

Y en cuarto lugar debería pedir a Dios la llene de amor hacia su esposo para ser capaz de amarlo genuinamente a pesar de las diferencias o las debilidades que él pueda tener. Muchas veces este amor nacido de Dios es el que disipa las desavenencias y las desaparece como cosa del pasado.

Poco después de mi casamiento, descubrí uno de los defectos de mi esposo del que nadie me había prevenido. A los pocos días de dicha matrimonial noté un hábito que se repetiría día tras día. Todas las mañanas encontraba las medias de mi esposo, tiradas en el lugar donde se había sacado los zapatos la noche anterior. Nunca las hallaba estiradas sino enrolladas en una pelotita... ¡dos pelotitas! Al principio no me hacía ningún problema. Disfrutaba levantando sus medias, y como tenía una espalda fuerte, no me molestaba. Pero los días se hicieron semanas y las semanas se hicieron meses. Una mañana advertí que me producía una pequeña irritación tener que levantarlas, no una molestia en la espalda, sino en el ánimo. Unos días después se me cruzó por la cabeza pensar quién le levantaba las medias antes de casarse conmigo. Luego se me ocurrió que tal vez no conocía lo que era un cesto de ropa sucia. Así que le presenté esta pieza especialmente destinada a guardar esa clase de ropa. No obstante seguía tropezando todas las mañanas con sus medias sucias. ¿Tropezando? Sí, tropezando, porque crecían de tamaño, por lo menos en mi ánimo y en mi actitud mental. «Su espalda es tan fuerte como la mía. Por lo menos podría recoger sus propias medias», refunfuñaba.

Es muy interesante notar que una cosa tan pequeña, como un par de medias sucias, puede desequilibrar totalmente nuestra personalidad. Ellas me hicieron volver irritable y crítica de muchas de las cosas que hacía mi marido. Fue lo que encendió la chispa para desquiciar toda mi personalidad. Cuando mi esposo volvía a casa por la noche, cantando o silbando, yo ya no veía en él a quien tan tiernamente me amaba y proveía para mis necesidades. En vez de eso, ¡sólo notaba al dueño de las medias sucias!

Pero un día gris y melancólico tomé la Biblia y al leerla, un versículo pareció resaltar de entre todos los otros: «Y todo lo que hacéis, sea de palabra o de hecho, hacedlo todo en el nombre del Señor Jesús, dando gracias a Dios Padre por medio de Él» (Colosenses 3.17). Traducido a mis propias palabras parecía decirme: «Cuando te agachas a recoger lo que deja atrás tu marido, así sean medias sucias, hazlo en nombre de Jesucristo, dando gracias a Dios por él». Luego seguí leyendo rápidamente: Casadas, estad sujetas a vuestros maridos, como conviene en el Señor (versículo 18).

Mi mirada cayó unos versos más abajo: «Y todo lo que hagáis, hacedlo de corazón, como para el Señor y no para los hombres; sabiendo que del Señor recibiréis la recompensa de la herencia, porque a Cristo el Señor servís (versículos 23, 24).

No estaba yo simplemente levantando las medias sucias de mi esposo; estaba sirviendo al Señor Jesús al hacerlo, de modo que lo debía hacer con alegría, como para Él.

Me enfrenté con un conflicto interior. Es posible que mi esposo ni siquiera se haya dado cuenta en ese momento de lo que me estaba pasando. (Sin embargo, dudo que haya pasado inadvertida para él mi actitud totalmente inaguantable.) Sometida a un examen, fui yo quien debió confesar su falta y enderezar su actitud. Y es interesante que después de haberla confesado, disfruté sirviendo al Señor y a mi marido. Casi se convirtió en mi momento devocional de cada mañana, el tener que levantar esas benditas medias sucias. Daba gracias a Dios por mi amante esposo, quien me era tan fiel y me daba todo lo que necesitaba y quien además amaba a Dios de todo corazón. Sabía de muchas mujeres que hubieran dado cualquier cosa por poder levantar una vez más las medias de sus maridos. ¡Y yo todavía podía hacerlo!

¿Podrá creer que esas hermosas medias sucias comenzaron a desaparecer sin que hiciera falta decir una palabra? Un día mi marido decidió que iba a ser más cuidadoso y acomodar su propia ropa. ¡Cuánto extrañaba esas medias sucias! Pero todavía me toca llevarlas desde el cesto de la ropa sucia y colocarlas en la máquina de lavar. La lección del Señor se había completado. Es mi deseo que pueda hacerlo de corazón, como para el Señor.

¿Tendremos hijos?

Con todos los métodos anticonceptivos que existen y, tristemente, los abortos que están disponibles en la actualidad, se hace posible transitar la vida sin tener que decidirse a tener hijos. Había un tiempo en que sólo quienes no podían concebir se quedaban sin hijos. Pero la tendencia actual es tenerlos únicamente por elección, e incluso en ese caso son programados. Algunas parejas llegan a ser tan sofisticadas que intentan determinar el sexo de la criatura antes del momento de su concepción.

Los días en que cada nena tenía una muñeca con la que aprendía a acunar y a ser mamá, han pasado rápidamente al olvido. Posiblemente eso se haya iniciado cuando llegaron las muñecas Barbie, con formas de mujer adulta y ropa haciendo juego. Pronto apareció el muñeco Ken, que ennovió con Barbie. En vez de nenas que acunaban bebitos imaginarios, vivían un mundo adulto de ensueños, junto con Barbie y Ken. Hace poco oí el comentario de un personaje de la televisión anunciando que estaban fabricando muñecos Barbie y Ken completos, con órganos sexuales. Las niñas desempeñan estas actividades por medio de sus muñecos y aprenden a pensar en sí mismas como parejas sexuales en vez de como madres.

La educación sexual en las escuelas hoy en día raramente promueve el valor del amor matrimonial y de tener hijos después de casarse. La maternidad ha dejado de ser para muchas chicas un sueño en el futuro distante. Las jovencitas solteras se están convirtiendo en madres a una edad cada vez más precoz. Un bebé propio es alguien a quien amar que a su vez las amará. El matrimonio y la maternidad se han distorsionado mucho. La confusión en cuanto al matrimonio y a la crianza de los hijos ha llevado a que algunas personas los representen como una carga que debe ser evitada por las mujeres. He escuchado a algunas adolescentes comentar que nunca quieren tener hijos, porque los son una carga demasiado pesada. Recuerdo a cierta joven preciosa que vino a trabajar conmigo en CWA. Había sido feminista antes de convertirse a Cristo. Durante sus años como miembro activo de la National Organization of Women [Organización Nacional de Mujeres], decidió que no deseaba casarse nunca ni tener hijos. Pero un día aceptó el amor de Dios y su perdón para ella. Más tarde se casó con un hombre cristiano maravilloso y vino a trabajar conmigo como asistente. Pasaron unos pocos años y estaba tratando de resolver su actitud con respecto a los niños. Dios estaba obrando en su vida, y hoy en día es una madre maravillosa y amorosa de dos hermosos niños. Creo que éste es el deseo normal puesto por Dios en los corazones de las mujeres que lo aman a Él.

Lo que quiero señalar es que, en estos días de tantos cambios, existen parejas que deciden no tener hijos. No me estoy refiriendo a demoras temporales, sino a decisiones permanentes. Si bien es cierto que no toda pareja debe tener hijos, sí opino, que si una pareja no ora para estar absolutamente convencida de que esa es la voluntad de Dios, posiblemente pierda una de las mayores bendiciones de la vida.

Indudablemente los temperamentos tienen mucho que ver con esta cuestión. Es probable que Sara Sanguínea quiera ser madre ya que tiene tanto amor para dar. Adora a los chicos de todas maneras y quisiera tener hijos propios. La afable Felisa Flemática estaría dispuesta a acompañar los deseos del marido y sería capaz de adaptarse tanto a la posibilidad de tenerlos como de no. A Marta Melancólica le costaría decidir si verdaderamente puede llegar a ser una buena madre. Desearía ser capaz de experimentar el amor de madre aún antes de concebir hijos. Y Clara Colérica es capaz de tener metas de tan largo alcance, que podría sentir a un hijo como una interferencia en su camino al éxito. Por lo menos limitaría sus hijos a uno. Cada uno de estos temperamentos cuenta naturalmente con la influencia que ejerce el otro miembro de la pareja, de modo que la decisión puede variar y estar sujeta a cambio.

Mi esposo y yo estábamos de visita, junto con otras parejas jóvenes, cuando de pronto, en el curso de la velada, a mi esposo se le ocurrió preguntar por sus hijos. Me pareció detectar algunas miradas furtivas y un poco de incomodidad. Dejamos el tema de lado por un rato, pero luego volvió a aflorar. Una de las mujeres que no se había sentido cómoda, comentó que ella nunca había querido tener hijos. Otra esposa se le unió, indicando que, en su caso, también había sido una elección personal. Mi esposo no iba a dejar escapar el tema así que comenzó a hacerles preguntas acerca de cuáles eran sus motivos. Ambas contestaron no sentirse capaces de amar suficientemente a un hijo, de modo que preferían no tenerlo (las dos, de temperamento melancólico). Sus esposos hubieran gozado en ser padres, pero ellas eran muy firmes al respecto. Comenté cómo Dios otorgó a la mujer nueve meses de preparación. En ese lapso, el corazón de una madre comienza a aprender lo que es amar al pequeño ser mientras está creciendo dentro suyo. Los primeros movimientos, el aumento de volumen, el latido adicional; todo contribuye para hacer surgir el amor de madre hacia un hijo que aún no ha nacido. Estas muchachas querían tener ese amor antes del embarazo. Las mujeres melancólicas desean experimentar y tener la seguridad del amor de madre antes de llegar siquiera a concebir. Pero cuando el embarazo es abordado con oración y expectativa, el corazón de una madre se llena de todo el amor necesario para su bebé.

«Y los bendijo Dios, y les dijo: Fructificad y multiplicaos; llenad la tierra» (Génesis 1.28). El primer mandamiento que Dios dio a los hombres fue el de multiplicarse y llenar la tierra. Ahora se nos ha engañado haciéndonos creer que la tierra está superpoblada y que podemos colaborar para la solución del problema no teniendo hijos. Pero eso de la superpoblación es sólo el engaño del hombre. La sabiduría de Dios pide multiplicarnos. Nuestra primera responsabilidad es obedecer a Dios, quien creó a toda la humanidad y controla el destino del mundo en el cual vivimos.

Al hablar con muchas de estas parejas sin hijos, se hace evidente muy pronto que los motivos reales no son tan nobles como parecen ser en la superficie. Pareciera haber una corriente subyacente de egoísmo por debajo de las excusas más convincentes.

Para llegar a ser verdaderamente controladas por el Espíritu Santo, las parejas jóvenes no debieran tomar decisiones de esta naturaleza, sin antes consultar la voluntad del Padre celestial al respecto. La bendición de Dios siempre debe ser precedida por la obediencia.

No teman ser sumisas

La mujer que está llena del Espíritu querrá ser totalmente sumisa a su marido. Contrario a lo que sostienen las feministas radicales, la sumisión no significa que la esposa sometida es una ciudadana de segunda categoría. La sumisión es el designio de Dios para la esposa, del mismo modo que al esposo le es asignado ser la cabeza de la esposa. Ella debe someterse a la «cabeza» del esposo, no al «señorío». El esposo no es el señor. Señorío es obligar a alguien para que haga su voluntad, mientras que ser «cabeza» es ser responsable de crear un ambiente de protección. El ejemplo de Cristo nos enseña que la verdadera sumisión no entraña ni indecisión, ni mezquindad, tampoco es el resultado de un orden impuesto; es más bien un acto de adoración a Dios que surge de la respuesta voluntaria, deliberada y elegida de una esposa.

> Someteos unos a otros en el temor de Dios. Las casadas estén sujetas a sus propios maridos, como al Señor; porque el marido es cabeza de la mujer, así como Cristo es cabeza de la iglesia, la cual es su cuerpo, y él es su Salvador. Así que, como la iglesia está sujeta a Cristo, así también las casadas lo estén a sus maridos en todo (Efesios 5.21-24).

Durante la vida terrenal Jesús permaneció en total sumisión al Padre y renunció a todos los derechos que tenía. No perdió su identidad. Al contrario, sabía exactamente quién era y para qué estaba en este mundo... y llevó a cabo ese propósito. Aunque se hizo siervo y tomó forma humana, sabía que era el Hijo de Dios, e igual a Dios el Padre. Pues en la Deidad existe perfecta unidad igualdad y armonía.

La sumisión no es un estado que indique inferioridad. El esposo es cabeza de la mujer así como Dios es la cabeza de Cristo. Son iguales y son uno, pero sólo debe haber una cabeza. Empero ambos deben funcionar como un equipo, complementándose mutuamente en vez de competir entre sí.

Una vez después de dirigir la palabra en un almuerzo para mujeres, una damita de casi setenta años se me acercó para darme la mano. Con voz temblorosa me dijo: «La semana pasada celebramos nuestras bodas de oro. Durante todos estos años he *permitido* que mi esposo fuera el jefe del hogar. Por último, hace más o menos una semana, decidí que me tocaba el turno a mí y me hice cargo. Me he estado comportando como la cabeza. Nos hemos sentido muy mal durante toda una semana y ambos estamos irritables después de cincuenta años maravillosos. Al oírla hablar hace un momento, me di cuenta cuál era la razón: No estoy obedeciendo a Dios». La besé y le pedí secarse las lágrimas. Dios podía ver que ella estaba ahora dispuesta a someterse no sólo en su conducta sino también en su actitud. El ejemplo de Cristo nos muestra que Él no experimentó un sentimiento de injusticia con relación al Padre, al ser elegido para ser siervo. La Biblia nos dice que se humilló a sí mismo y fue obediente:

> Haya, pues, en vosotros este sentir que hubo también en Cristo Jesús, el cual, siendo en forma de Dios, no estimó el ser igual a Dios como cosa a que aferrarse, sino que se despojó a sí mismo, tomando

forma de siervo, hecho semejante a los hombres; y estando en la condición de hombre, se humilló a sí mismo, haciéndose obediente hasta la muerte, y muerte de cruz (Filipenses 2.5-8).

Luego, el versículo 9 nos dice que Dios exaltó a Jesús y le dio un nombre que es sobre todo nombre.

Jesús deseaba ser humilde, ser obediente hasta la muerte y ser sumiso. Es el principio donde encontramos que debemos perder nuestra vida para volverla a hallar. En la medida en que la mujer se humilla y se somete a su esposo como cabeza, comienza a encontrar su verdadero significado en esa relación. Al seguir los principios de Dios, una mujer puede vivir plenamente muriendo a su ego y sometiéndose a su esposo.

Recientemente, por motivos de negocios, conocí a una mujer totalmente «liberada». Durante el curso de la conversación hicimos algunos comentarios acerca del matrimonio y luego ella dijo abruptamente: «Me imagino que ya se habrá dado cuenta que no creo en ser una esposa *dependiente*. Lo que menos quiero es un marido que me deba mantener». Luego me explicó su manera de administrar las cosas, pues se veía que creía necesaria una explicación. Su esposo tiene un empleo y maneja sus ingresos, y ella tiene por su parte un cargo y administra su propio sueldo. Ambos contribuyen a un fondo común destinado a los gastos del hogar.

A pesar de que esto pudiera parecer un arreglo maravilloso en la superficie, debajo había un colchón de brasas humeantes, listas para convertirse en llamas. Ella era más próspera que él en el mundo comercial; en consecuencia, podía comprarse un auto mucho mejor que el de él. Su guardarropas tenía ropa de mejor calidad, y ese verano pensaba irse a descansar por su cuenta porque a él no le

alcanzaba el dinero para costearse unas vacaciones similares. Casi habíamos terminado de conversar cuando ella me
dijo finalmente lo que yo ya había adivinado. «He perdido
respeto por ese hombre porque no ha logrado alcanzar mayor éxito».

> *Cuando hay dos individuos con dos*
> *conjuntos de temperamentos diferen-*
> *tes, naturalmente surgirán diferencias*
> *de opinión. Cuanto más fuertes sean*
> *los temperamentos, más fuertes serán*
> *los conflictos. Los conflictos vendrán,*
> *pero el compromiso a resolverlos man-*
> *tendrá unido al matrimonio.*

Si pudiésemos hacer retroceder las hojas del calendario
unos cuantos años, creo que podríamos descubrir la razón
por la cual ese hombre estaba ahora abatido e improducti-
vo. Ella había iniciado esta situación y ahora se encontraba
harta del resultado. Estoy segura que dejó en claro sus derechos e insistió que se cumplieran, sin jamás considerar la
posibilidad de trabajar con él en equipo, edificándose mutuamente. No se necesitaba mucho para adivinar que él era
un esposo flemático y ella una esposa colérica y «liberada».
A pesar de sus diferencias, los principios de Dios podrían
haber actuado eficazmente si ella hubiera estado dispuesta
a someterse. Ahora está tan «liberada» que sólo quedan dos
seres solitarios siguiendo cada uno su camino por la vida.
Me pregunto lo que podría haber llegado a ser ese hombre
si ella hubiera usado su energía y se hubiera sometido libremente a él, trabajando juntos y dejándolo ser la cabeza.

La esposa que realmente ama a su marido querrá como primer objetivo la felicidad de él. Con este tipo de motivación, a la larga los dos salen ganando.

El sólo hecho de que existan conflictos o dificultades en un matrimonio no es razón para comenzar a arrojarlo todo por la borda. El divorcio no es siempre la solución. Cuando hay dos individuos con dos conjuntos de temperamentos diferentes, naturalmente surgirán diferencias de opinión. Cuanto más fuertes sean los temperamentos, más fuertes serán los conflictos. Los conflictos vendrán, pero el compromiso a resolverlos mantendrá unido al matrimonio. Es preciso que los dos miembros de la pareja permitan al Espíritu Santo controlar sus vidas para que puedan vivir en paz y ser felices. Ha sido un placer para nosotros ver a muchas parejas llegar a esta decisión en su matrimonio, luego de pasar por serias desavenencias y observar cómo sus vidas y matrimonios han sido transformados. ¡Con la ayuda del Espíritu Santo es posible estar casados para siempre!

12

Los temperamentos y la comunicación

*U*na de las maneras más fáciles de diagnosticar el temperamento es a través de la observación de los patrones de habla de una persona. La forma de hablar de cada persona es por lo general una clara evidencia de su temperamento. Los cuatro temperamentos tienen su propia forma de hablar. A decir verdad, las doce combinaciones de temperamento tienen formas de hablar características.

Marta Melancólica (sin el ministerio del Espíritu Santo) suele ser negativa, crítica, señaladora de faltas o desaprobadora. Le resulta difícil decir algo positivo excepto que alguno llegue a la medida de sus normas perfeccionistas. Como eso resulta imposible, ella acaba criticando frecuentemente a su esposo e hijos, sin dar jamás una palabra de aliento. También es característico que Marta tenga una larga memoria de cada traspié o error que ha cometido otro, y un deseo sádico de sacarlo a la luz. A medida que van envejeciendo las mujeres, con frecuencia tienden a hablar más. De modo que, si Marta no rinde su habla a Dios y obtiene una lengua sujeta al Espíritu, generalmente resulta muy desagradable estar en su compañía a medida que pasan los años.

Además, ella es desagradecida por naturaleza y a menudo verbaliza sus pensamientos autocompasivos. La autocompasión le produce depresión. Mediante la expresión de pensamientos autocompasivos, Marta fácilmente puede causar depresión a todos los demás. Una razón por la cual algunas iglesias nunca avanzan ni hacen algo para Dios es porque tienen tantos melancólicos egocéntricos en posición de liderazgo. El primer atisbo de una idea buena o progresiva es luego aplastado por el pesimismo depresivo de Marta Melancólica que inmoviliza al Espíritu. Desafortunadamente, muchas familias funcionan del mismo modo.

Al ser llena del Espíritu, Marta Melancólica se volverá antes que nada agradecida. Su lema y modo de vida se convertirá en 1 Tesalonicenses 5.18: «Dad gracias en todo, porque esta es la voluntad de Dios para con vosotros en Cristo Jesús». Será necesario que se esfuerce en esto durante toda su vida ya que va en contra de su naturaleza humana, pero con la ayuda de Dios, llegará a ser una fuente de alabanza y agradecimiento a su familia y en segundo término a todos los que la rodean. ¡Nada puede transformar a una dama melancólica tanto como una vida de agradecimiento!

Entonces Marta se convertirá en una persona alentadora, que comunica a su familia que la ama y dice a sus hijos cuánta alegría le da que Dios los haya mandado a su vida. También empezará a aceptar que otros no lleguen a la perfección (lo cual facilita que lo acepte en ella misma y hace que sea una persona mucho más feliz). Y cuando logra recibir insultos, heridas y rechazos, sin que lleguen a afectarla, incluso llegando a orar por quien los haya perpetrado, Marta habrá alcanzado un grado de madurez espiritual.

Felisa Flemática es gentil y pasiva por temperamento

natural, y generalmente posee un espíritu apacible. Por consiguiente, sus patrones de habla no son demasiado objetables incluso en su peor momento. Francamente, Felisa es una mujer de pocas palabras. Pero si escucha atentamente, sus palabras a menudo evidenciarán el temor, la preocupación y el egoísmo de su corazón. Al fin y al cabo, el precepto bíblico «de la abundancia del corazón habla la boca» se cumple en el caso de Felisa. Ella tiene su propio modo de evitar la participación y la actividad familiar. Pero afortunadamente para ella, su humor frecuentemente le brinda ayuda. Sin embargo, si no se cuida, puede hacer una ciencia del acto de despreciar a la gente y humillarla... todo esto de una manera amable, por supuesto. A su manera cautelosa, Felisa puede ser bastante negativa.

Sin embargo, al estar llena del Espíritu, Felisa Flemática es delatada por su forma de hablar. En lugar de guardar en ultra secreto su amor por Cristo y lo que Él ha hecho por ella, Felisa buscará oportunidades para contar las cosas grandiosas que Dios ha hecho. De este modo se volverá más verbal de lo que marca su tendencia natural. Por cierto que nunca llegará a ser una máquina de hablar como sucede con otros temperamentos. Pero al ser llena del Espíritu, Felisa ya no hará notar su desagrado mediante largos períodos de silencio. Se volverá más aventurada y se brindará más al comenzar a vivir por fe. Y al crecer en su fe, verá que la promesa de Dios de suplir todas nuestras necesidades se cumple en su caso también. Sus preocupaciones amainarán al volverse ella más comunicativa y demostrar mayor interés por los demás. Gradualmente, Felisa encontrará maneras de afirmar a otros su amor expresándolo en forma voluntaria. Entonces hará suya la promesa de Dios: «Todo lo puedo en Cristo que me fortalece».

Clara Colérica padece de una lengua filosa como navaja, cruel, sarcástica y cortante. Nadie puede cortar a una persona en rebanadas para luego alejarse como si hubiese brindado un gran servicio a la humanidad o ser más dictatorial que Clara. Por lo general intimida a la gente haciendo que ceda ante su voluntad mientras va por su activa vida con su lengua batiendo, golpeando, cortando e insultando. Y cuando se enoja... ¡cuidado! Es por eso que sus hijos suelen crecer en estado de shock sicológico, con inseguridad y anhelando recibir aprobación. La mayoría de los hijos de coléricos fuertes se van de casa a temprana edad porque es una cuestión de supervivencia. Su esposo puede llegar a cerrarse a fin de mantener la paz, pero a menudo la deja por una mujer que sea más afable, o al menos una que escuche.

Muchas personas dicen que las mujeres no son tan dadas al uso de lenguaje obsceno o malas palabras como los hombres, pero debería decir (si mi percepción es cierta) que las mujeres coléricas carnales probablemente sean la excepción. Pueden volver el aire azul con sus maldiciones. Se espera que dejen de lado esa anterior manera de hablar después de convertirse a Cristo. Pero a no ser que Clara sea llena del Espíritu, igualmente puede ser bastante condenadora para con otros y sus planes. A veces Clara se opondrá a los planes de otras personas, aun si en lo profundo de su ser le agraden. Se opone a las cosas por el simple hecho de no ser ella la que originó la idea. Uno de los motivos por los que los hijos de Clara Colérica y Marta Melancólica tal vez no sirvan al Señor cuando sean grandes es porque sus madres, cuando no están sujetas al Espíritu, almuerzan «predicador asado» todos los domingos. Los padres cristianos que critican abiertamente a su pastor en su hogar raramente crían hijos que aman y sirven a Dios.

Una Clara Colérica llena del Espíritu no sólo es un milagro, sino que resulta un gozo estar con ella. Se han ido los ataques verbales que hieren y el sarcasmo carnal. En su lugar, hay una genuina compasión y preocupación por otros. En lugar de interrumpir a otros cuando hablan, Clara Colérica escuchará realmente las opiniones, los sentimientos y los sueños de otros. De su boca saldrán palabras de aliento... palabras que tengan lo que la Biblia denomina un efecto edificante sobre otros. En lugar de criticar casi cada vez que abre la boca, Clara hará uso del elogio para otros y sus planes, aun cuando sepa que ella podría hacer algo mejor. Y en lugar de estar siempre jactándose de sí y de lo que ha hecho, se asegurará de que otros reciban sus elogios... particularmente su familia. Una vez que Clara empiece a practicar el agradecimiento y aprenda la voluntad de Dios para su vida, la acción de gracias llegará a ser para Clara una bendición casi tan grande como lo es para Marta Melancólica. Y usted sabrá que Clara ha alcanzado madurez cuando reconozca públicamente lo insensible que ha sido en el pasado o, aun más, cuando pida perdón por todas las penas y heridas emocionales que ha causado. Clara Colérica puede ser una buena líder en la obra de Dios si aprende a someterse a Él y a la autoridad de su iglesia, y si aprende a sobreponerse a su enojo... lo cual podría constituir su mayor prueba espiritual.

A Sara Sanguínea se le conoce a menudo por su lengua. Es como una ametralladora abierta de par en par. Y como Sara es su persona predilecta, sus relatos interminables y su charla giran en torno a su persona. Ella salta en la conversación aun más rápido de lo que lo hace en la vida real. El silencio es para ella una amenaza que debe ser llenada. Muchas veces se larga a hablar incluso antes de saber lo que quiere decir. He escuchado a muchas sanguíneas cambiar de curso en medio de una conversación mientras fingían que en todo momento eso era lo que habían querido decir.

Sara a menudo interrumpe a las personas con descuido y no le importa humillar a otros corrigiéndolos dogmáticamente, incluso cuando no están equivocados. Por lo general dirá cualquier cosa que haga falta para atraer la atención, ya sea algo chocante, una exageración o una mentira rotunda. A decir verdad, Sara Sanguínea aprende a temprana edad que la exageración de la verdad hace que sus historias sean mucho más interesantes, lo cual capta más la atención y atrae un público más numeroso. A pesar de que a Sara no le agrada lastimar deliberadamente a la gente con su lengua, lo hará si necesita protegerse. Y cuando se enoja, pocos pueden superar a Sara en lo que se refiere a lastimar a otros con su lengua. A menudo es dada a cargadas frívolas y necias, a la vez que su conversación puede pasar de sugestiva a obscena. Es peligroso reírse de la conversación impropia de Sara pues esto sólo logrará alentarla. Frecuentemente, Sara Sanguínea puede dar discursos piadosos en la iglesia o en un club de mujeres cristianas... aun cuando algunos saben que ella no está viviendo de acuerdo con lo que habla. A nadie le es más necesario el precepto bíblico de «procurar tener tranquilidad» que a Sara Sanguínea.

Sin embargo, una Sara Sanguínea llena del Espíritu puede ser un deleite. Su habla no sólo ha sido limpiada sino que también glorifica a Dios y no a sí misma. Y aunque siempre será conversadora, tenderá a llevar la conversación hacia el terreno de las cosas grandes que ha hecho el Señor. Nadie puede gozar de una plenitud duradera del Espíritu sin leer la Palabra de Dios con regularidad. Cuando esté llena del Espíritu, Sara tendrá algo significativo para decirle a otros en la iglesia o en otros grupos cristianos. Estudiará antes de enseñar su clase bíblica en lugar de hacerlo a como dé lugar. Cuando esté llena del Espíritu, el carisma natural de Sara atraerá a otros a Cristo. Nadie tiene un don de evangelismo como Sara cuando está llena del Espíritu. Y puede extenderse a otros con compasión, comenzando por lo miembros de su propio hogar. Las sanguíneas son las que tienen mayor don de gente en relación con los otros temperamentos. Y cuando está llena del Espíritu, lo que le interesa es que otros lleguen a tener una relación correcta con Dios por medio de su Hijo Jesús. La Iglesia ha sido muy beneficiada por el servicio entusiasta de los temperamentos sanguíneos, pero como sucede con todos los temperamentos, esto se da únicamente cuando son controlados por el Espíritu Santo.

EL ENOJO DESTRUYE EL AMOR, LA COMUNICACIÓN Y EL MATRIMONIO

La mayoría de los consejeros matrimoniales experimentados dicen que la falta de comunicación es la causa principal del catastrófico ritmo de divorcio de nuestra nación. Sin embargo, mi esposo, que ha aconsejado a miles de matrimonios, no opina lo mismo. Él está convencido que la falta de comunicación o la mala comunicación es provocada por una falta de amor o la muerte del amor. Y como ninguna pareja se casa sin al menos pensar que están enamorados, es necesario que preguntemos: «¿Qué es lo que causa la muerte del amor?» La respuesta más adecuada es: «El enojo». Y a pesar de que más adelante en este libro trataremos el tema del enojo en mayor detalle, diré ahora que a la larga el enojo siempre matará al amor. Si dos personas que se aman enfrentan las diferencias de opinión, trasfondo, deseos y temperamento al enojo, el que sale perdiendo es el amor. Nuestro don del habla entonces se convierte en una manera de comunicar enojo a pesar de la pena y el dolor que todos hemos sentido cuando la persona que amamos nos ha hablado con enojo. Incluso los que sufren en silencio acaban por quebrarse y, como resultado, se muere el amor.

❧ ─────────────────────

La Biblia señala sabiamente: «Quítense de vosotros toda amargura, enojo, ira, gritería y maledicencia... sed benignos unos con otros, misericordiosos, perdonándoos unos a otros...»

───────────────────── ❧

Una de las razones por las cuales el divorcio es tan doloroso es que, mucho antes de que una pareja consulte a un abogado, ya se han cortado y lastimado mutuamente con su arma más cruel: la lengua. Y cuando la mayoría de las personas llegan a estar suficientemente enojadas, recurre a palabras hirientes y abusivas. Cada vez que lanzamos palabras crueles y ásperas a la persona que amamos, su amor se muere un poco, hasta quedar finalmente muerto... aniquilado por el instrumento que inicialmente encendió ese amor: la lengua.

La Biblia señala sabiamente a los matrimonios: «Y no contristéis al Espíritu Santo de Dios[...] Quítense de vosotros toda amargura, enojo, ira, gritería y maledicencia, y toda malicia [enemistad del corazón]. Antes sed benignos unos con otros, misericordiosos, perdonándoos unos a otros, como Dios también os perdonó a vosotros en Cristo» (Efesios 4.30-32).

Sinceramente creo que hay esperanza para cualquier matrimonio si la pareja aplica los versículos que se mencionan arriba. Es necesaria la ayuda de Dios por medio de su Espíritu Santo, pero se puede hacer. Hemos visto muchos casos «imposibles» en los que han sido restaurados el amor y la felicidad, pero esto no es posible jamás si no se:

1. Perdonan las palabras airadas e hirientes

2. Apaga el enojo

3. Pone fin a la maledicencia

4. Restauran la ternura y la bondad

5. Impide que salga de sus bocas una comunicación corrupta y

6. Usan sus bocas para comunicar aquello que es bueno para el fin de la edificación, para que pueda ministrar gracia a aquellos que escuchan.

Las parejas que utilizan ese don singular de Dios del cual sólo gozan los humanos, el don de la comunicación, para edificar y brindar gracia los unos a los otros sí son felices para siempre. Eso no significa que no tengan diferencias, porque todos las tenemos. Pero su comunicación motivada por amor los capacita para resolver sus diferencias. Y cuando el enojo es removido, florece el amor. Así estamos hechos, sea cual fuere el temperamento. Si usted y su cónyuge no están conformes con su medio actual de comunicación, haga lo que le hemos asignado como tarea a miles de parejas nos han consultado. Memorice Efesios 4.29-32, e incorpore estos principios a su matrimonio. Todos desean amor. Es por eso que nos casamos... porque queremos tener a alguien a quien poder dar amor y del cual poder recibir amor. La comunicación, en el transcurso de los largos años de la vida, es aun más poderosa que el sexo como medio de comunicar ese amor.

El arte de la comunicación no significa que uno deba ser

un gran conversador. La comunicación implica no sólo hablar, sino saber escuchar. Una querida señora muy conversadora me dijo una vez: «Yo no tengo problemas de comunicación», pero la verdad era que estaba muy equivocada. Lo que debía haber dicho era: «Yo no tengo problemas para hablar». Ella era la que hacía toda la conversación. Su esposo rara vez podía emitir sus propias opiniones. Sabía exactamente cuál era su propia manera de pensar, pero rara vez escuchaba las ideas de su esposo. Él era un individuo fantástico. Me imagino la cantidad de ideas que habría ido almacenando en su mente, y que no había podido expresar.

La comunicación se da cuando están presentes los dos aspectos. Involucra escuchar tanto como hablar. La falta de una verdadera comunicación es uno de los problemas más grandes que acosa hoy en día a los matrimonios. Las mujeres deberían orar para que sus lenguas sean controladas por el Espíritu Santo, y para saber cuándo quedar calladas y cuándo hablar, como también la manera de expresar lo que debe ser dicho. Es tan importante la forma en que decimos las cosas como aquello que expresamos.

Uno de los ingredientes básicos de toda comunicación es el amor. En 1 Corintios 13 se nos da una lista de muchas buenas cualidades, pero sin amor, ninguna de ellas vale nada. La descripción que se da allí del amor, aplicada al matrimonio, puede mejorar enormemente las líneas de comunicación entre marido y mujer. Lo que sigue es una descripción de una comunicación llena del Espíritu.

> *El amor... es sufrido*
> *El amor... es benigno*
> *El amor... no tiene envidia*
> *El amor... no es jactancioso*
> *El amor... no se envanece*

El amor... no hace nada indebido
El amor... no busca lo suyo
El amor... no se irrita
El amor... no guarda rencor
El amor... no se goza de la injusticia
El amor... se goza de la verdad
El amor... todo lo sufre
El amor... todo lo cree
El amor... todo lo espera
El amor... todo lo soporta
El amor... nunca deja de ser.

Esta clase de amor o de comunicación no depende de la manera en que te trata tu esposo. Se convierte en tu propia responsabilidad tratarlo a él de esta forma. Cuando aceptas esta responsabilidad, las líneas de comunicación estarán completamente abiertas para ti.

Quisiera intercalar aquí un pensamiento que ha sido compartido por muchos hombres. Por lo general las esposas no se dan cuenta hasta qué punto sus comentarios llegan a influir en la manera de pensar de sus maridos. Muchas veces una insignificante queja, o una pequeña crítica, o un comentario negativo puede colorear completamente las ideas de un esposo. Un pastor me comentó una vez que no permitía que su mujer hiciera jamás en su presencia, un comentario negativo acerca del algún miembro de la iglesia. Era tal la influencia que dichos comentarios ejercían sobre sus pensamientos, que le resultaba imposible descartarlos. La Biblia habla muy claramente acerca de esto. «Hermanos, no murmuréis los unos de los otros. El que murmura del hermano y juzga a su hermano, murmura de la ley y juzga la ley, pero si tú juzgas a la ley, no eres hacedor de la ley, sino juez» (Santiago 4.11).

Han habido muchas ocasiones en que yo he hecho algún comentario despreocupado acerca de alguien en presencia de mi esposo. Inconscientemente este comentario quedó archivado en los pliegues de su mente, logrando a la larga ejercer influencia sobre él para bien o para mal de aquella persona. La mujer que está llena del Espíritu Santo debe vigilar sus pensamientos y comentarios acerca de otros, no sea que traiga juicio innecesariamente sobre otra persona. Somos culpables de bendecir con nuestra boca a Dios en un momento, y traer destrucción sobre un individuo al momento siguiente. «Con ella bendecimos al Dios y Padre, y con ella maldecimos a los hombres, que están hechos a la semejanza de Dios. De una misma boca proceden bendición y maldición. Hermanos míos, esto no debe ser así» (Santiago 3.9-10).

He aprendido que en ciertas ocasiones es mejor comunicarme directamente con Dios acerca de algo y dejar que Él hable con mi esposo.

El Espíritu Santo puede controlarnos la lengua de modo que nuestra comunicación sea sabia y sazonada de amor. Santiago continúa diciendo que en los prudentes, la conducta se manifiesta por medio de buenas obras y actitudes, y que si no somos jactanciosos, llegaremos a ser verdaderamente sabios.

He aprendido que en ciertas ocasiones es mejor comunicarme directamente con Dios acerca de algo y dejar que Él hable con mi esposo. Hay algunos temas que pareciera que yo particularmente los convierto en desastre cuando trato de abordarlos.

Hace algunos años viajábamos por Europa con mi marido y dos de nuestros hijos. Fue una verdadera prueba para nosotros ya que la mayoría de las veces debíamos pasar largas horas amontonados en autos, trenes y hoteles. Mientras trataba de hacer que el viaje resultara placentero para cada uno de nosotros, advertí que estábamos omitiendo una parte fundamental de nuestra comunión. Con la emoción del viaje, los pasaportes, trenes, idiomas extranjeros, y todo lo demás, nos habíamos olvidado de seguir nuestra costumbre de orar en familia. Comencé a soltar indirectas, reproches, hasta anuncios deliberados manifestando que las dificultades que se nos presentaban se debían a que no habíamos orado ese día en familia. Después llegué a la conclusión de que sería mucho más eficaz y significativo para la familia si esa idea surgía de mi esposo. Así que lo dejé en manos del Señor, no muy segura de que llegaría a pasar algo. ¡Qué sorprendida quedé cuando por allí, en algún punto entre Viena e Innsbruck, mi esposo paró el automóvil y comentó: «Bueno, familia, creo que hemos estado descuidando la costumbre de orar juntos, y no debemos dar un paso más sin hacerlo». Qué hermoso espíritu de oración tuvimos y qué agradecida me sentí de no haber manipulado yo misma las cosas. ¡Dios se había comunicado en lugar mío!

La comunicación correcta, debe contener amor y sabiduría, y estar guiada por el Espíritu Santo. La cosecha que obtendrá será una comunicación pacífica y sincera entre dos corazones y dos mentes.

Pero la sabiduría que es de lo alto es primeramente pura, después pacífica, amable, benigna, llena de misericordia y de buenos frutos, sin incertidumbre ni hipocresía. Y el fruto de justicia se siembra en paz para aquellos que hacen la paz (Santiago 3.17-18).

13

Los temperamentos y su vida amorosa

*D*esde el punto de vista humano, la influencia más poderosa sobre el comportamiento de una persona, es su temperamento. Aunque el origen cultural y familiar, la educación en la niñez, los estudios, el medio ambiente y todo un cúmulo de otros factores, también hacen impacto sobre nosotros, no hay nada tan significativo como los rasgos temperamentales heredados al nacer, porque son ellos los que producen nuestras acciones, reacciones y motivaciones. Una mujer tímida puede hacerse más decidida gracias a la práctica, pero nunca se sentirá totalmente cómoda actuando extrovertidamente. La educación puede hacer mucho para disciplinar a los individuos agresivos y dinámicos, mas no logrará transformarlos en un Ratoncito Miguel. Las personas nacen introvertidas o extrovertidas, porque estas características surgen del desarrollo de su temperamento.

Ya que el temperamento tiene una influencia tan grande sobre la conducta de la persona, también tendrá un efecto muy profundo sobre ese poderoso instinto natural que es el impulso sexual. En efecto, el comportamiento íntimo de una pareja, a menudo es el reflejo de su temperamento. Aunque la mayoría de los cristianos se resistan a relacionar su vida sexual matrimonial con el Espíritu Santo, podemos notar que el tipo de relación que una persona tiene con Dios, influye en ese aspecto íntimo del matrimonio. Como lo hemos manifestado mi esposo y yo, en nuestro libro *El acto matrimonial* (Editorial CLIE, Barcelona, España, 1977), estamos convencidos de que los cristianos correctamente motivados por el Espíritu Santo gozan más, de la relación sexual en el matrimonio, que ningún otro tipo de personas en nuestra sociedad actual. Una encuesta detallada, extraída de 1.700 parejas cristianas demostró que, no sólo registraban un nivel de satisfacción sexual que superaba por 10 puntos el de las parejas inconversas sino que, entre ellas, las parejas cristianas llenas del Espíritu Santo, manifestaban un puntaje que superaba por siete puntos el de los cristianos no llenos del Espíritu.

> *El comportamiento íntimo de una pareja a menudo es el reflejo de su temperamento.*

Ya que la relación amorosa involucra tanto esposo como esposa, examinaremos cada uno de los cuatro temperamentos en ambos casos, para demostrar cómo es probable que reaccionen sexualmente cada uno de ellos. Consideraremos, en primer lugar, reacciones, apetitos, complejos y necesidades básicas. Luego ofreceré algunas sugerencias a las esposas, para lograr ser la clase de pareja matrimonial que Dios las destinó.

El esposo sanguíneo

Samuel Sanguíneo es tan excitable que no se necesita mucho para «entusiasmarlo». Como es tan abierto en todo lo que hace, su esposa no tendrá dificultad en darse cuenta de su estado de ánimo. Como es naturalmente encantador, Samuel suele creer que podrá hacerle perder la cabeza a una estatua de mármol con sólo manifestarle su afecto. Y en general lo logra, si no está casado con ella. Samuel tiene un sano apetito para todo, incluyendo las relaciones sexuales.

La mayoría de los sanguíneos tienen pocos complejos en relación al sexo y por lo general, demuestran que lo están disfrutando. Si no es lo más importante de su vida, no anda muy lejos de serlo. El esposo sanguíneo encuentra muy difícil aceptar un «no»; puede ofenderse o sentirse humillado si su esposa no responde a sus avances amorosos. Aunque exteriormente aparenta ser uno de los que se cree un regalo de los dioses para las mujeres, en el fondo lo que siente es una gran necesidad de cariño. Si no encuentra satisfacción en el hogar, lo buscará afuera, por dos razones: 1) la conquista de una mujer le resulta necesaria para satisfacer su poderoso ego, y encuentra por lo general que las mujeres solitarias e insatisfechas son presa fácil para su encanto; y 2) por ser de voluntad poco firme y fácilmente excitable, resulta muy vulnerable a las mujeres inescrupulosas.

Las necesidades de Samuel Sanguíneo: El énfasis supersexual que ejerce hoy en día la propaganda, es una carga para el hombre sanguíneo, por ser fácilmente estimulable. Tiene cuatro necesidades básicas en relación con este aspecto de su vida:

1. Principios morales arraigados profundamente en su corazón y en su mente, desde la niñez, que

muestren el propósito de Dios de un hombre para una mujer «mientras vivan».

2. El concepto de «andar en el Espíritu», particularmente en lo referente a sus pensamientos. Romanos 13.14 dice: «No proveáis [premeditado] para los deseos de la carne». Cuando un sanguíneo se permite a sí mismo fantasías inmorales, muy pronto estimulará sus propias pasiones fuera de todo control y cometerá el pecado de adulterio para sufrimiento de su esposa y el suyo propio. Una vez vencida la barrera moral, le será fácil repetir el pecado.

3. Una esposa cariñosa, receptiva y llena de afecto, que le demuestre lo mucho que disfruta de su amor. Los esposos receptores de este trato rara vez se desvían, no importa cuál sea su temperamento.

4. Una esposa que se convierta en el objeto *único* de su exuberante afecto. Debe tratar de evitar el flirteo y los halagos con otras mujeres (lo cual dará tranquilidad no sólo a su mujer, sino a los esposos de las otras). También, deberá concentrarse en lograr la satisfacción y la plenitud de su propia esposa.

La esposa sanguínea

No hay mayores diferencias entre el comportamiento sexual de una mujer sanguínea y de un hombre sanguíneo. Sara Sanguínea es una persona estimulante, afectuosa y alegre, que tiene el don de hacer sentir «cómodos» a los hombres a su lado. Su personalidad encantadora la hace ser «favorita» con cualquier clase de hombre, y en su ingenuidad suele llegar a excitarlos sin darse cuenta de ello. Siempre cree «sólo estar demostrando amistad».

Como esposa, Sara tiene un enorme potencial para amar a su marido y a su familia. La relación amorosa es de suma importancia para ella y no suele llevar demasiado esfuerzo estimularla, ni ponerla en ánimo receptivo. Aunque se la haya ofendido o esté malhumorada, puede moderar sus sentimientos con relativa facilidad. Rara vez las mujeres sanguíneas arrastran rencores, ¡lo cual es esencial para cualquier matrimonio! Es la que más probablemente reciba a su esposo a la puerta con un beso «prometedor». De todos los temperamentos, ella es la más factible de impactar a su marido después de leer *La mujer total* presentándose a recibirlo en la puerta vistiendo únicamente botas y un delantal. Como no tiene complejos acerca de nada, suele mantener una actitud sana hacia el sexo, a pesar de las ideas desastrozamente distorsionadas heredadas de su madre. Su natural capacidad de comunicación, ayuda a Sara a superar sus inhibiciones, y descubre rápidamente que puede aumentar su satisfacción sexual mostrándose agresiva. A menos que un esposo poco sabio la inhiba o logre asfixiarla, Sara se dará cuenta desde un principio que la pasividad en la relación amorosa no es para ella. Tiene un gran margen de volubilidad, lo cual puede dar gran satisfacción a su pareja. Estas esposas sienten una gran necesidad de complacer a sus maridos. Con un poco de estímulo y algo de cooperación, la esposa sanguínea suele lograr el éxito en este aspecto del matrimonio, siempre que sus limitaciones en otros aspectos no se conviertan en la obsesión de su marido.

Las necesidades de Sara Sanguínea: Por ser amante del placer, la mujer sanguínea entra en el matrimonio esperando disfrutar de él. Las sugerencias siguientes la ayudarán a llevar adelante ese potencial:

1. Debe cultivar una vigorosa vida espiritual, andan-

do en el Espíritu y leyendo regularmente la Palabra de Dios, para obedecer sus preceptos y normas
morales.

2. Debe reconocer su capacidad para excitar a otros
hombres, aparte de su esposo, y evitar flirteos que
puedan provocarle celos, o la acerquen a la tentación.

3. Debe suavizar su temperamento extrovertido para
no poner incómodo a su esposo. Debe aprender
especialmente que una esposa ruidosa y exuberante puede ganar la atención de otros hombres, pero
también la desaprobación de su marido.

4. Debe poder amar un cónyuge que la haga sentir
segura de ser aceptada y comprendida, y le sepa
proporcionar palabras tiernas de estímulo, de
atención y de cariño. Si recibe ésto, sabrá prestar
atención a su aspecto exterior, tendrá modales ade-
cuados, atenderá a las tareas domésticas, y hará
cualquier cosa que pueda complacer a su marido.

El esposo colérico

En la superficie, Carlos Colérico suele aparecer como el
mejor amante. Caramelos y flores en abundancia, caballe-
rosidad y maneras generosas y un natural dinamismo para
dirigir las cosas, los hacen aparecer como la personificación
de la hombría. Por alguna razón, todo esto suele cambiar
poco después del matrimonio. Carlos Colérico está tan pen-
diente de llegar a una meta que está dispuesto a hacer casi
cualquier cosa para cumplir sus deseos. Como «dama especial en su vida» es inconscientemente una meta para él antes
de casarse con ella; el hombre colérico es capaz de pagar
cualquier precio a fin de obtener su mano. Pero una vez

casado, la meta se convierte en otra. Lo que ahora quiere es poder mantenerla adecuadamente. En consecuencia, suele trabajar de doce a veinte horas diarias. Lo más difícil de entender para Carlos Colérico es que su esposa no se casó con él por lo que pudiera darle, sino por él mismo. Cuando su esposa lo acosa con la queja de que no la quiere como antes, le responde: «Por supuesto que te quiero. Trabajo como un esclavo por darte lo que deseas». Pero a decir verdad, disfruta trabajando.

Emocionalmente, Carlos Colérico es un extremista. Pasa del calor al frío. Puede ponerse súbitamente frenético y explotar por una nimiedad, haciendo que su esposa quede aterrorizada por sus estallidos de cólera. La impaciencia de Carlos y su incapacidad para brindarle ternura, le hacen a ella difícil adaptarse al principio. Mostrar afecto no le viene naturalmente. Una esposa casada con un hombre colérico me dijo en una oportunidad: «Besar a mi esposo es como besar a una estatua de mármol, en un cementerio, en un día de invierno».

Los rasgos impetuosos de Carlos Colérico también son un obstáculo para una buena adaptación sexual de la pareja. De la misma manera que es capaz de lanzarse a un viaje sin consultar un mapa de ruta, suele llevar a su esposa a la cama sin contar con la más mínima educación sexual. ¡Siempre cree que todo se solucionará sobre la marcha!

Afortunadamente, el esposo colérico tiene un rasgo importante que lo ayudará en su vida de relación amorosa: Es siempre práctico. Una vez comprende que para hacer el amor se necesita algo más de lo que requiere una carrera de cien metros (y que es preciso usar ternura, gentileza, afecto y sensibilidad para con su esposa), aprende rápidamente. En el proceso de aprendizaje descubrirá que el afecto proporciona satisfacción y que nada lo hará sentirse tan pleno como el observar a la mujer amada respondiendo a su ternura.

Las necesidades de Carlos Colérico: La parte menos desarrollada de un colérico es su vida emocional. Y como la relación amorosa mejor lograda está motivada por emociones, las necesidades del colérico son numerosas:

1. Necesita mostrar amor y compasión por otros. Lo único que puede ofrecerle esta capacidad a Carlos Colérico es un encuentro con Cristo como su Señor y Salvador, y aprender a «andar en el Espíritu». Aun después de su conversión suele pasar bastante tiempo antes que su vida sea caracterizada por el amor de Dios.

2. Debe comprender que no todas las personas son tan autosuficientes como él. Aunque puedan ser tan capaces como él, no tendrán la misma confianza de poder actuar correctamente. Carlos debe aprender que los demás tienden a albergar dudas con mayor facilidad que él. Si el esposo colérico muestra bondad y estimula a su esposa, ella se desenvolverá con mayor eficiencia.

3. Debe desarrollar ternura y afecto por su esposa y por sus hijos y aprender a expresar su aprobación y su alabanza por lo que hacen. Debe aprender a decirle «te quiero» a su esposa y demostrar su orgullo por ella. Por ser el colérico un líder natural, los demás buscan su aprobación, amor y aceptación. Puede acobardarlos con sólo una mirada de desaprobación o una palabra de crítica, o bien levantarles el espíritu si se esfuerza en darles su aprobación y su apoyo. Los que han sido rechazados por Carlos tratarán de edificar una caparazón

alrededor de su ego, para protegerse de él y evitar futuras heridas. Cuando Carlos Colérico, padre y esposo, se vuelve sensible a las necesidades emocionales de su familia, llega a ser capaz de despertar emociones dentro suyo que de otra manera permanecerían dormidas. Llegar a decir «te quiero» no le resulta fácil, pero cuando se olvide de sí mismo y reconozca la importancia que tienen estas palabras para un ser querido y pueda concentrarse en su bienestar emocional, aprenderá estos hábitos con rapidez... además disfrutará plenamente de la respuesta que provoca.

4. Debe aprender a eliminar el sarcasmo y las palabras hirientes de su vocabulario. ¡Las palabras poco bondadosas y los reproches no sirven para estimular a una mujer!

5. Debe aprender a dominar su enojo y su hostilidad interior, por dos razones: Si contrista al Espíritu con su ira, (Efesios 4.30-32), permanecerá un enano espiritual durante toda su vida cristiana. En segundo lugar, el temor a las explosiones coléricas instantáneas inhibirá las expresiones emocionales de su esposa. Es difícil para un creyente colérico comprender que su vida espiritual puede afectar su relación amorosa, pero esto es un hecho, e influye en un sentido o en otro.

La esposa colérica

Clara Colérica suele ser una criatura emocionante, particularmente si uno no tiene que convivir con ella. Es extremadamente activa en todas los aspectos de la vida; una personalidad dinámica, llena de empuje y con múltiples metas en su mente. Al mismo tiempo tiene la firmeza de un tigre y una lengua afilada, capaz de dominar y controlar cada actividad en la que se involucra.

Recuerdo una chica de este tipo a quien conocí en mi juventud durante alguna de las actividades de grupos juveniles. Muchos muchachos salían con ella porque pasaban un rato ameno a su lado, pero solían comentar jocosamente a sus espaldas: «No te cases con Evelina a menos que puedas llegar a ser presidente de los Estados Unidos».

Cuando uno tiene que tratar con una esposa como Clara Colérica se da cuenta de lo importante que es mantener una actitud mental positiva hacia las relaciones amorosas del matrimonio. Si pudo observar mientras crecía, una cálida relación de amor entre sus padres, es probable que Clara ingrese en el matrimonio esperando disfrutar del acto amoroso. Las coléricas suelen alcanzar lo que se proponen, de modo que difícilmente terminen decepcionadas; ni ellas ni sus esposos.

Por otra parte, si Clara ha sido criada por padres insatisfechos y que siempre discutían, si ha sido víctima de abuso o ha soportado alguna otra experiencia traumática durante su niñez, o incluso si se le enseñó que el sexo era «algo sucio», ya sea por razones religiosas u otras ideas distorsionadas, probablemente encuentre serias dificultades para establecer una adecuada relación sexual con su marido. Las mujeres coléricas son tan porfiadas que una vez que se obsesionan con la idea de que «el sexo no es para las chicas decentes», son capaces de rechazar hasta al arcángel Gabriel si les trae una tabla de piedra con el mensaje: «Honroso es en todos el matrimonio». Pero si se convence del anhelo de Dios de que disfrute plenamente del sexo, Clara es capaz de hacer una rápida transición hacia una feliz vida de relación.

Las esposas coléricas suelen adquirir varios complejos potenciales en este aspecto de su vida. No son dadas a manifestar abiertamente su ternura, por lo tanto suelen ahogar los avances iniciales de su marido, antes de que su propio motor se ponga en marcha. Por otra parte, cuando no está llena del Espíritu, Clara Colérica tiende a restar masculinidad a su esposo, dominándolo y llevando la iniciativa de todo, incluyendo la relación sexual. Se necesita del Espíritu Santo para lograr que una mujer colérica reflexione y reconozca que, si desestima el yo de su marido, lo hará a costa de su propia felicidad.

Hemos notado que los temperamentos opuestos suelen atraerse en el matrimonio. En consecuencia, la mujer colérica generalmente elige un compañero pasivo. Si ella no manifiesta demasiado interés en las relaciones sexuales, pasarán largos períodos sin tenerlas, pues él probablemente es demasiado pasivo para hacer o decir algo. Pero, ¡traiga él a colación el asunto o no, pueden estar seguras de que no goza de la abstinencia! Finalmente ocurre la explosión, y la mayoría de las veces con graves consecuencias.

Puede decirse a favor de la mujer colérica, que una vez aprende la importancia de la relación sexual para el marido, sabrá adaptarse y convertirse en una compañera muy disfrutable. Debe llegar a comprender que el éxito de su matrimonio quizás dependa de su propia forma de actuar y de su capacidad para permitir que él lleve las riendas en ese aspecto íntimo de sus vidas.

Las necesidades de Clara Colérica: Igual que el esposo colérico, Clara Colérica necesita de muchas cosas. Estas son algunas de las más importantes para tener en cuenta:

1. Necesita «andar en el Espíritu» para poder triunfar sobre su temperamento iracundo y su lengua sar-

cástica, y para desarrollar la capacidad emocional
de manifestar amor y afecto. Ciertamente es mucho más fácil para algunos temperamentos llegar
a ser amantes y cariñosos, pero Dios nunca hubiera
ordenado amarnos unos a otros si Él no supiera
que esto es posible para todos. Las coléricas tendrán que esforzarse un poco más, pero cuanto más
traten de expresar amor, más fácil les resultará hacerlo.

2. Debe aprender a perdonar; generalmente tendrá
que empezar con su propio padre. Ninguna mujer
puede disfrutar plenamente a su marido si alberga
odio hacia su padre. Esto se da particularmente en
el caso de muchas coléricas de opiniones fuertes y
carácter intransigente. Siempre están descargando
su frustración y cólera en sus maridos, y asfixiando
las expresiones de cariño. Una mujer colérica puede tener este problema por haberse resistido de
pequeña a las manifestaciones de cariño de su padre, quien, al no comprender su carácter, tal vez le
haya cerrado la puerta de su corazón, mantenién-
dose al margen de su vida, por el simple hecho de
no saber cómo llegar a ella. Al desconocer la razón
del rechazo de su padre, la joven colérica posiblemente se distancie cada vez más de él, negándose
a demostrar cualquier expresión normal de emoción hacia él... a la vez que alberga un resentimiento, en aumento, hacia los hombres.

3. Necesita dejar de amontonar sarcasmo, criticar y
poner en ridículo a su esposo, particularmente en
el aspecto de la relación amorosa. Los coléricos
exudan tal autosuficiencia que, aunque no digan

nada, hacen a los demás sentirse ineptos. La mujer colérica debe esforzarse en hacer que su esposo advierta lo mucho que ella lo valora como hombre y como esposo. No hay ninguna expresión de halago más dulce y estimada que la que manifiesta aprecio por la masculinidad o la femineidad del cónyuge.

4. Debe tomarse el tiempo para expresarle amor a su esposo. Los coléricos suelen ser aves nocturnas. Los esposos madrugadores irán a la cama alrededor de las diez o las once, anhelando un poco de ternura y amor, pero se terminarán durmiendo mientras sus esposas coléricas terminan de leer un libro, limpian la casa o llevan a cabo interminables actividades sugeridas por su mente activa. Muchas de las mujeres coléricas lograrían mejorar su vida de pareja con sólo acostarse más temprano.

5. Debe aprender las normas bíblicas de la sumisión. A una colérica le gusta ser líder, y generalmente es buena, pero por la gracia de Dios y en obediencia a su Palabra, tendrá que obligarse a sí misma a ser sumisa a su marido. Si intenta asumir los papeles del esposo y sus responsabilidades en el hogar, sólo está invitando al desastre. Un esposo pasivo sabrá retribuir a su esposa con más amor, respeto y flexibilidad, si ella lo estimula a tomar la iniciativa en las responsabilidades y el liderazgo de su hogar.

El esposo melancólico

Mario Melancólico es un irremediable idealista. Generalmente ingresa al matrimonio sin ninguna educación sexual, porque siente que esas cosas se encaminan bien por sí solas. Si tiene la bendición de estar casado con una esposa tierna y sensible, que no tiene complejos de ninguna clase, las cosas generalmente sí resultan bien. Pero si Mario se casa con alguien tan cándido como él, lo más probable es que vuelvan de la luna de miel en un estado depresivo. Cuando la relación amorosa de una pareja es deficiente, puede crearle una situación de desasosiego al esposo melancólico. Su esposa se sentirá aún más alejada por su depresión, lo cual aumentará las dificultades. Por lo general a Mario le cuesta muchísimo buscar consejo y ayuda matrimonial, y recién lo hace cuando su matrimonio llega a una fase precaria.

Mario Melancólico, más que ningún otro temperamento, tiene la capacidad de expresar verdadero amor. Es un compañero fiel y leal, a menos que se haya permitido pensamientos impuros y esto lo conduzca a la promiscuidad. Cuando Mario Melancólico ama a su esposa, suele excederse en manifestaciones de consideración, bondad y sentimiento.

Una de las mejores cualidades de Mario Melancólico es su romanticismo, así que sabe preparar hermosamente la atmósfera adecuada: música suave, media luz, perfume, todas las cosas que deleiten el corazón romántico de la mujer.

Por ser extremadamente analítico, Mario aprende a conocer las cosas que su esposa encuentra agradables y se deleita en darle placer. Si no hay otros impedimentos, esta pareja podrá alcanzar la plenitud del amor.

Desafortunadamente, no siempre sale todo de la manera ideal y la vida matrimonial no es una excepción. Los melancólicos son tan perfeccionistas, que prácticamente se niegan a aceptar algo inferior a lo perfecto. Más de un melancólico habrá llegado a su casa completamente apasionado por su mujer, y apagarse su ardor al ver una pila de platos sucios, o los juguetes de los chicos desparramados por el piso. En efecto, conozco a un marido melancólico que se excitaba al ver a su esposa desvestirse y se enfriaba con sólo observar que no colgaba la ropa. ¡En circunstancias similares, un sanguíneo o un colérico ni siquiera notaría las prendas!

Esas mismas cualidades del melancólico que le hacen ser capaz de percibir la necesidad de ternura y de amor de su esposa, pueden volverse en contra de él. Tiende a interpretar como un rechazo la falta de respuesta inmediata por parte de su esposa a sus primeros avances amorosos. Si su mujer está de ánimo esquivo (como suele suceder frecuentemente con las mujeres) y lo que quiere es un poco de insistencia, posiblemente piense que ella no lo desea y abandone el intento, antes de ella poder dar a conocer sus verdaderos sentimientos.

Las necesidades de Mario Melancólico: El individuo melancólico tiene un enorme potencial de afecto para brindar, si se le concede el más mínimo estímulo. Entre sus necesidades más evidentes están las siguientes:

1. Mantener una relación vital y personal con Dios y gozar de una experiencia diaria llena del Espíritu Santo que lo pueda mantener orientado hacia los demás y no obsesionado consigo mismo. Ninguna persona egoísta y centrada en sí misma puede ser un buen amante, no importa cuál sea su temperamento. La verdadera prueba de que un melancólico está andando en el Espíritu, es cuando logra romper el síndrome de la atención de sí mismo.

2. Deberá aprender a dar amor sin condiciones y no amar por necesidad de retribución. Una esposa me contó que su marido era un perfeccionista nato.

«Tiene una larga lista de control de las tareas domésticas, y si no obtengo el puntaje máximo antes de ir a la cama, no me hace el amor», se quejaba la esposa.

3. Debe evitar actitudes críticas y pesimistas; los dos graves problemas de un melancólico. Debido a su perfeccionismo, muchas veces espera logros a un nivel muy poco realista, tanto para él como para los demás. Esto a su vez le hace sentir frecuentemente desilusionado cuando las cosas, o la gente, no responden a sus expectativas.

4. Debe procurar una vida mental sana y positiva (Filipenses 4.8). Nunca debiera permitirse actitudes mentales vengativas o de autocompasión. En lugar de eso debiera siempre dar «gracias en todo» (1 Tesalonicenses 5.18).

5. Necesita una compañera que no se ofenda con facilidad, y pueda alentarlo con optimismo cuando está deprimido, reafirmarlo en su hombría cuando se sienta inseguro y no de importancia a su espíritu de crítica. Mientras ella sepa que él es de ánimo cambiante, sabrá esperar pacientemente hasta que se le pase.

6. Deberá concentrarse en Dios y darle gracias por las cualidades de su esposa. Acostumbrarse a estimularla regularmente con manifestaciones verbales de cariño y aprobación. He visto a más de una esposa sanguínea sufrir un cambio de personalidad bajo la constante crítica de un esposo melancólico. Para colmo, cuando termina, ni siquiera a Mario Melancólico le gusta el ser que ha creado.

La esposa melancólica

Marta Melancólica es una amante impredecible, pues tiene el ánimo más voluble de todos. Tendrá momentos tan excitante y estimulante como cualquier sanguínea. Y habrá otros en que no tenga interés en nada, ni siquiera en el amor. Es posible que reciba a su esposo a la puerta y lo arrastre directamente al dormitorio, o que obvie completamente su llegada.

Marta Melancólica es romántica por excelencia y sus estados de ánimo son tan evidentes como la luz del sol. Cuando está con ánimo de hacer el amor preparará una cena a la luz de las velas, pondrá música suave y usará perfume. (Si está casada con un sanguíneo eso da un resultado bastante bueno; pero si su esposo es un colérico, tal vez tenga problemas porque, comúnmente, detesta el perfume.)

Aunque tiene la capacidad de disfrutar de un amor extasiado, que asfixiaría a otros temperamentos, Marta no suele estar interesada en establecer *récords* de frecuencia. Para ella siempre es preferible la calidad que la cantidad. De todos los temperamentos, es el que más se inclina a convertir la relación sexual en una ruleta de dormitorio, es decir, maneja el acto amoroso como una recompensa al buen comportamiento. Sin embargo, ¡ningún hombre que se respete a sí mismo aceptará esta situación!

Marta Melancólica a menudo está acosada de pudores excesivos, especialmente si su madre tuvo problemas en esta área. Puede llegar a apelar a argumentos inventados, de carácter religioso, como coartadas para justificar su abstinencia sexual; su verdadero problema, sin embargo, probablemente sea el resultado de alguna convicción prematrimonial de que el sexo no es algo deseable. Como resultado, nunca se permite la oportunidad de corregir este falso con-

cepto. Marta se ubica entre quienes consideran el acto sexual únicamente para la propagación y no para el placer. Un
análisis de las Escrituras podría enseñarle algo diferente.

Las cosas pequeñas pueden tornarse rápidamente en
dificultades enormes para Marta Melancólica. La incapacidad de su marido para balancear la libreta de cheques, el
olvido de alguna diligencia, o su descuido en darse un
baño, pueden alterarla completamente y sumirla en una
venganza silenciosa. Siente que si él no cumplió con su parte, ella no necesita cumplir con la suya; de allí su reticencia
al acto amoroso. Ella no se da cuenta de que se está privan-
do a sí misma del goce de la relación sexual y de la valora-
ción amante de su marido.

Aconsejé a una mujer melancólica que había dejado de
tener relaciones con su marido durante varias semanas. A
ella sólo se le despertaba el interés de noche, pero cuando
estaba lista para ir a la cama, él se había derrumbado de
sueño. Me decía quejándose: «Él se acuesta cansado, sin
darse tiempo para un baño o para lavarse los dientes. Por
la mañana yo me despierto atontada, mientras que él está
excitado. Pero no puedo soportar su olor y su mal aliento».
Le sugerí que comenzara por aceptar a su esposo tal como
era y que no tratara de cambiarlo. Esto fue un remedio
amargo para ella, pero pronto descubrió que cooperando,
él estaba más dispuesto a modificar sus hábitos para complacerla.

Otro frecuente problema de Marta Melancólica es ser
víctima de los celos. Marta, no dada a «flirteos superficia-
les», suele terminar casándose con un hombre que es amistoso y abierto hacia todos. A menudo regresa a su casa,
después de una fiesta, en un silencio de hielo porque su
esposo «se dedicó a flirtear» con todas las mujeres presentes. Como el ego masculino del esposo no recibe suficiente

atención en casa, procura obtenerlo en las reuniones sociales. Frecuentemente puede pensar: «Nada de lo que hago logra satisfacer a esa mujer».

Una vez estaba sentada a la mesa junto a la esposa de un dinámico y próspero comerciante cristiano. Para mi sorpresa escuché a esta melancólica preguntarme: «¿Me quiere explicar por qué siento tantos celos de mi esposo, si no existe fundamento para ello?» Al parecer, había despedido sucesivamente a tres secretarias y por último había empleado a la chica menos atractiva que había podido encontrar, a causa de los celos de su mujer. Aún así, ella no había resuelto su conflicto. Le contesté: «El problema no es con su marido, sino con usted misma. Sencillamente, usted no se quiere». Las lágrimas le rodaron por las mejillas, al admitir que, en efecto, sentía fuertes sentimientos de autorechazo. Luego, hablando con su esposo acerca de su vida matrimonial, él me comentó: «Cuando le atacan esos celos infundados, ni siquiera puedo acercarme a ella. Pero cuando se arrepiente de sus acusaciones, no le basta toda la ternura para darme. ¡Nunca sé si esperar un ayuno o un banquete!»

El mayor problema en la vida de Marta es su tendencia hacia la autoconmiseración. Una mujer melancólica, ante el más mínimo insulto o rechazo, elabora pensamientos de autocompasión que acaban por sumergirla en un estado de depresión tal, que no siente interés por el amor ni por cosa alguna.

Las necesidades de Marta Melancólica: La capacidad emotiva de una mujer melancólica es tan amplia, que tiene la posibilidad de ser una esposa excitante y satisfactoria, si no permite a sus debilidades superar los puntos fuertes. He aquí algunas de sus necesidades específicas:

    1. Una relación vital y efectiva con Cristo, andar en el

Espíritu de modo que el gozo, la paz y el amor que experimente, le permitan realizarse plenamente como persona.

2. Una actitud agradecida por todas las bendiciones que Dios le ha dado, en lugar de pensamientos o expresiones de crítica por las cosas que le desagradan. Descubrirá que una actitud mental positiva, combinada con acción de gracias, puede darle una visión más alegre de la vida y hacerla una persona más agradable para los demás. Esta actitud también la ayudará a aceptarse tal como es, pues el constante autorreproche puede destruirla. Resulta muy difícil que otras personas la quieran, si ella misma no se ama.

3. La aceptación de su esposo tal como es, dejando en las manos de Dios cualquier cambio necesario. Su sumisión a él no debe depender de su comportamiento, sino de su obediencia a Dios.

4. El estímulo y la confirmación del amor de su esposo. Un marido comprensivo y verbalmente comunicativo, capaz de mostrarle su amor en muchos otros aspectos de la vida matrimonial, se verá recompensado en el área de las relaciones sexuales.

5. La petición de que Dios le dé un amor incondicional hacia su esposo y la capacidad para amarlo al punto de olvidarse de sí misma. Llegar a comprender que el amor de la pareja es hermoso, porque es el designio de Dios para sus criaturas. Dios ha prometido que una mujer que se da sin reservas a su esposo, será amada. Ha dicho: «Dad y se os dará» y «Todo lo que el hombre sembrare, eso tam-

bién segará». Si una mujer siembra amor, sin lugar a dudas lo cosechará en abundancia.

6. Capacidad para perdonar. Casi todos los matrimonios duraderos han necesitado del perdón a lo largo del camino. Una actitud no perdonadora siempre destruye la relación, y la pareja debe entender que, no sólo es necesario para su armonía sino que, Dios lo ordena (Mateo 18.35; Marcos 11.25).

El esposo flemático

No se sabe mucho acerca de la vida amorosa de Felipe Flemático. Sin lugar a dudas es el individuo más reservado del mundo, particularmente en su vida personal. Lo que se llega a saber en cuanto a su intimidad, suele venir de alguna pareja airada; en consecuencia puede tratarse de una información tendenciosa. Para ser sinceros con el esposo flemático, es preciso admitir que cualquier sugerencia que hagamos con respecto a su vida de relación amorosa, ha sido elaborada con base en un análisis deductivo y en comentarios indirectos.

Algunos suponen que, por ser Felipe Flemático plácido e inclinado a la falta de motivación, no debe ser un amante entusiasta. Pero esto no siempre es así. Si un estudio de los hábitos de un flemático es indicativo de algo, entonces este temperamento es capaz de lograr más de lo que comúnmente se cree. Ellos hacen las cosas más calladamente y atraen menos la atención sobre sus logros, que los otros temperamentos. Más bien, saben aprovechar al máximo sus esfuerzos. Cuando Felipe Flemático quiere hacer algo, lo hace con efectividad y sin rodeos, en su modalidad silenciosa. Sospechamos que ésta, también es la forma de conducirse en sus relaciones amorosas.

Los flemáticos tienen una característica que debe poder ayudarlos en su vida de relación amorosa, y es su abundante benignidad. Felipe Flemático rara vez, o nunca, insultará o pondrá en ridículo a su esposa. Jamás usa el sarcasmo. Las mujeres generalmente responden a un hombre que es bondadoso con ellas. Sobre esta base no le ha de resultar demasiado difícil al esposo flemático obtener el amor de su esposa.

Otra cualidad que sin duda representa una ventaja en este aspecto, es que un flemático poco se enoja o provoca irritación en otros. Si su esposa irascible le grita por alguna razón, su respuesta generalmente logra extinguir el fuego, porque es un maestro de la «respuesta blanda». En consecuencia, pocas tormentas duran hasta el momento de ir a la cama, y él podrá actuar convenientemente, como si nunca hubiera pasado nada.

Los hombres flemáticos suelen tener la habilidad de conseguir lo que quieren, con sólo esperar. Son la paciencia personificada y aparentemente logran vencer al otro, gracias a su aguante. Es probable que su vida sexual refleje esto. Cuando la intensidad de su impulso sexual juvenil ya ha menguado, saben enseñar pacientemente a su pareja a tomar la iniciativa. Si se supiera la verdad, probablemente descubriríamos que reciben toda la respuesta amorosa que buscan en el matrimonio, quizás con más frecuencia y mejor, que algunos de los de temperamento más impetuoso. Sencillamente tienen mayor inclinación que los demás temperamentos, a permitir que su cónyuge sea quien tome la iniciativa.

Sin embargo, hay tres aspectos que pueden provocar serias dificultades para Felipe Flemático. Primero, tiende a rehuir de la afirmación de sí y esquivar la responsabilidad a menos que le sea impuesta. Si se ve obligado a dirigir, lo hace admirablemente bien. Sin embargo, cuando se rehúsa a aceptar el liderazgo del hogar, su esposa puede desilusionarse. La esposa que espera de un hombre así llevar la iniciativa en las relaciones sexuales, puede en poco tiempo sentir que no es amada. Además, a veces pierde respeto por su esposo flemático, porque él no parece capaz de afirmar su hombría.

Otro punto delicado en el flemático es su egoísmo, que lo hace un tanto dado a la avaricia; su obstinación (sin perder sus buenos modales), y su autocomplacencia. El ceder a estas debilidades puede producir resentimiento en la esposa, como sucede cuando el esposo nunca la lleva de paseo. Como ya hemos visto, el resentimiento ahoga el amor.

El tercer peligro potencial para Felipe Flemático es su tendencia a meterse bajo una caparazón de silencio cuando las cosas no resultan como él quiere. Como generalmente le resulta difícil hablar, a Felipe probablemente le cueste comunicar a su esposa lo que le excita en la relación sexual. En consecuencia se conformará silenciosamente durante años con un nivel inferior de relaciones y se privará no sólo él, sino que robará a su esposa la oportunidad de numerosas experiencias de éxtasis que Dios quiso que gozaran.

Las necesidades de Felipe Flemático: La bondad, la gentileza y la amabilidad del flemático, harán que los de afuera crean que han conquistado sus debilidades, pero quienes tienen que vivir con él conocen sus necesidades evidentes. He aquí algunas de las más pertinentes:

1. Una relación dinámica con Jesucristo que lo motive a pensar en las necesidades de su esposa y de su familia, en lugar de entregarse a sus propios sentimientos y vida solitaria.

2. Una actitud más activa en todos los aspectos, espe-

cialmente en la consideración de las necesidades de su esposa en la relación amorosa.

3. Una mayor manifestación visible de su amor y de su aprobación por su esposa. Debe aprender a hablar más libremente de sus propios anhelos y necesidades, especialmente si la pareja está atravesando por una etapa de dificultades. Esta necesidad de comunicación le exigirá continuos esfuerzos.

4. Una esposa que comprenda y acepte su aparente falta de motivaciones, sin resentimiento, y sepa usar su habilidad femenina para estimularlo en las ocasiones en que sea preciso.

5. Una esposa que pueda adaptar su ritmo metabólico al de su marido, para aprovechar al máximo la vitalidad que tenga. Una esposa que reconozca su fuerte tendencia hacia el aislamiento y comprenda a fondo su naturaleza, dando gracias por ella, más bien que irritándose por su inclinación hacia la pasividad. Si empieza a regañarle por estas cosas, él se meterá aún más adentro de la caparazón y la dejará a ella afuera.

La esposa flemática

Por regla general, la persona más fácil del mundo con quien convivir es Felisa Flemática. Le encanta ver que la gente se vea complacida y no le cuesta ceder ante su cónyuge más fuerte, con tal de evitar un incidente. Se satisface con facilidad y si las cosas no andan bien entre ella y su marido, suele volcar su afecto y atención en sus hijos.

La personalidad pasiva de Felisa generalmente caracteriza su comportamiento en la alcoba. Pocas veces toma la iniciativa en la relación amorosa, pero como desea complacer a su esposo, Felisa casi nunca se niega.

Una influencia poderosa en la vida de Felisa Flemática, que afectará poderosamente su relación amorosa, es el temor y la ansiedad que le causa. Una mujer ansiosa teme quedar embarazada (aunque no tiene la exclusividad de dicho problema), expuesta, en ridículo y otro sinnúmero de problemas reales o imaginarios. Uno de sus principales temores es perder el respeto de su marido, si demuestra demasiado interés o iniciativa en el acto amoroso, aunque generalmente ocurre todo lo contrario.

Las necesidades de Felisa Flemática: A pesar de su espíritu agradable, bondadoso y lleno de gracia, Felisa necesita de varias cosas para llegar a ser una mejor esposa y amante:

1. Aceptar a Jesucristo como Señor y Salvador. A muchas mujeres flemáticas les cuesta reconocer que son pecadoras. Su comportamiento es tan agradable que muchos pensarán lo mismo, olvidándose que la justicia propia ha llevado a muchos a quedar fuera del reino de Dios. En la medida en que aprenda a «andar en el Espíritu» día a día, la mujer flemática desarrollará la motivación necesaria para superar su pasividad, un amor que triunfe por sobre su egoísmo, y una fe que venza sus temores. Armada de tales atributos de Dios, se convertirá en una esposa estimulante.

2. Motivar y mantener interés por su aspecto personal. Las madres flemáticas suelen estar tan cansadas después de nacer sus criaturas, que se vuelven descuidadas acerca de su aspecto personal: su cabello, su ropa y a menudo su peso. Cuando a una mujer deja de importarle lo que su marido piensa

de su aspecto exterior, queda claro que ha perdido su autoestima. De ese modo también se apagará el amor y el respeto de su esposo. Una mujer no necesita ser una beldad avasalladora para mantener la buena opinión de su marido, pero a través de su manera de arreglarse día a día, pondrá en evidencia lo que ella piensa de sí y de su esposo. Cualquier hombre debiera comprender que su esposa puede estar cansada de vez en cuando, ¡pero que lo esté cinco noches a la semana es pasarse de la cuenta!

Algunas mujeres han usado 1 Pedro 3.3 como justificativo para dejar abandonado su «aspecto exterior»... a costas de su matrimonio. La enseñanza del pasaje, es que la mujer piadosa deberá dedicar más tiempo a cultivar su vida espiritual que al arreglo de su vida física. Sin embargo, en ninguna manera ordena descuidar alguno de los dos aspectos. Recuerde que la mujer es la flor más hermosa del jardín de un hombre, y aun las rosas necesitan ser cultivadas, podadas y atendidas.

3. Organizar su vida diaria y someterla a un horario regular. Con excepción de la sanguínea, la flemática es quien más tiende a descuidar las tareas del hogar. Disfruta de hacer compras y encontrarse con amigos para almorzar, y cuando menos piensa, su esposo ya está de regreso del trabajo. Como los caracteres contrarios se atraen, no es raro encontrar una flemática casada con un hombre más fastidioso. Pero cuando haya pasado la luna de miel, probablemente la esposa flemática descubra que su desorganización provoca tal resentimiento en

su esposo, que esto termine afectando su vida amorosa. Los arranques poco bondadosos de él pueden provocar que una flemática obstinada se niegue a «hacer la limpieza», aumentando así la desarmonía. En consecuencia, la flemática debe cuidar su vida doméstica y tratar de que las tareas bien hechas le proporcionen orgullo. Su esposo la respetará y la tratará mejor, y lo que es más importante, se valorará más ella misma.

4. Saber apreciar a un esposo fuerte y gentil que es también un amante considerado. Necesita de un amante que sepa cómo responde mejor una mujer, y que tome el tiempo necesario para excitarla y llevarla al orgasmo. Una vez logre aprender ese arte, su interés por la experiencia superará su inclinación hacia la pasividad, y hará de ella una pareja excitante. Necesita un esposo fuerte, pero gentil, del que extraiga el coraje necesario para superar sus temores y que pueda brindarle aliento. Un esposo sabio sabrá confirmar verbalmente a su esposa su aprecio y su amor por ella.

5. Aprender a superar su incapacidad para expresar las palabras que sienta y comunicarse con su esposo y su familia. No tiene por naturaleza facilidad de palabras, especialmente en lo que se refiere a la intimidad. Las flemáticas tienen necesidad de esforzarse en cada aspecto de la vida, y la relación amorosa no es una excepción. Felisa Flemática debe recordar los anhelos de su cónyuge y olvidarse de los suyos propias; ¡como resultado, ambos serán más felices!

Conclusión

❧ ——————————————————

Una de las ventajas de conocer los cuatro temperamentos es que resulta más fácil descubrir por qué la pareja actúa o reacciona de la forma que lo hace.

—————————————————— ❧

Los cuatro temperamentos poseen la capacidad de convertirse en una pareja satisfactoria y llena de amor. Como hemos visto, cada uno de ellos tiene puntos débiles y puntos fuertes. En consecuencia, cada uno puede llegar a ser demasiado enfático en sus puntos fuertes o caer en complejos debido a sus puntos débiles. Por esta razón, resulta conveniente que cada esposa conozca el temperamento de su amado, para abordarlo de la manera más conveniente. Recuerde: ¡el amor es saber darse! Cuando una mujer sabe dispensar amor, recibirá a cambio todo el amor que necesita.

Una de las ventajas de conocer los cuatro temperamentos es que resulta más fácil comprender por qué su cónyuge actúa o reacciona de la forma que lo hace. Eso a su vez ayuda a aceptar las flaquezas individuales y a aprender a manejarlas, en vez de chocar con ellas.

Tenemos una encantadora amiga sanguínea llamada Molly quien nos contó cómo Dios usó este conocimiento para resolver una cuestión particularmente irritante, que estaba estorbando su vida amorosa. Su esposo, Pete, un melancólico flemático, estaba siempre controlando lo que ella hacía. Cada noche al arrimarse a él en la cama, poniéndose a tono con el ánimo de él, Pete la rodeaba con su brazo y preguntaba: «¿Cerraste la puerta de atrás y bajaste la llama del termostato?» Y aunque ella le dijera: «Sí, Pete», él saltaba de la cama y cruzaba corriendo el comedor y la cocina para asegurarse de que la puerta estuviera cerrada y revisar si el termostato estaba al mínimo. Cuando volvía a la cama, el ánimo de ella se había congelado y no le quedaban deseos de empezar de nuevo. Esto solía ocurrir noche tras noche, excepto en las raras ocasiones en que él estaba lo suficientemente excitado como para olvidarse de la bendita pregunta.

Una noche Pete, que era un contador, trajo a casa varias planillas de impuestos, las extendió sobre la mesa del comedor y comenzó a trabajar. Molly se detuvo en la puerta, observando un extraño comportamiento en él: cuatro veces sumó una columna de cifras, anotando cada vez el resultado en un trozo de papel diferente, que luego ponía cara abajo sobre la mesa. Al terminar la cuarta suma, dio vuelta a los papeles y sonrió con satisfacción. Todos concordaban, de modo que anotó el resultado en una planilla de impuestos. ¡Fue entonces que Molly comprendió que Pete no sólo se ocupaba de controlar lo que ella hacía, incluso verificaba lo que hacía él! Ella estaba orgullosa de su excelente reputación como contador, y ahora comprendía que su afán de perfección, causal del éxito en su profesión, era el mismo rasgo que lo llevaba a controlarla.

¡Esa misma noche lo estaba esperando! Él la rodeó con su brazo, y ella se acurrucó como de costumbre. Pero cuando le preguntó: «Molly, ¿Cerraste la puerta trasera y te acordaste de bajar el termostato?», ella le contestó dulcemente: «Por supuesto, querido, pero si quieres asegurarte, no tengo inconveniente». Se levantó y cruzó trotando el comedor y la cocina. Como siempre, la puerta estaba cerrada y el termostato al mínimo. ¡Pero esa noche al meterse nuevamente en la cama no se encontró con un témpano de hielo!

Una vez diagnosticas el temperamento de tu marido, podrás cooperar cariñosamente, en vez de chocar con él.

14

Cómo servir al Señor con su temperamento

«**J**amás podría hacer una cosa así». Recibo esta respuesta de muchas mujeres que genuinamente creen no poder hacer un servicio específico a Dios. La mayor parte del tiempo están secretamente deseando hacerlo.

Hay un lugar de servicio cristiano adecuado para cualquier mujer, no importa cuál sea su temperamento o su edad. Ciertamente algunas mujeres jamás serán pianistas, no podrán cantar un solo, ni siquiera pertenecer a un coro, y otras nunca podrán dirigir un estudio bíblico. Pero en general, somos demasiado rápidas para contestar que no podemos hacer un trabajo... sin consultar primeramente a nuestro Padre celestial para saber qué desea Él que hagamos y para qué cosa habrá de capacitarnos.

Cada temperamento tiene ciertas debilidades naturales en relación con el servicio cristiano, pero cuando el Espíritu Santo controla nuestras vidas podemos decir «*Todo* lo puedo en Cristo que me fortalece» (Filipenses 4.13). Permita que Cristo decida cuáles cosas deberán ser incluidas en ese «todo».

221

> *Dios ha prometido darnos la habilidad necesaria si nosotros ponemos de nuestra parte un espíritu dispuesto y un corazón dedicado.*

Es importante que cada una de nosotras tenga un área de servicio en la cual podamos ser obedientes y sentirnos espiritualmente realizadas. Cuando nos apropiamos de las ricas bendiciones que Dios nos tiene preparadas en su Palabra, pero no somos capaces de compartirlas con otros, nos volvemos espiritualmente estancadas. Dios ha prometido darnos la habilidad necesaria si nosotros ponemos de nuestra parte un espíritu dispuesto y un corazón dedicado.

La talentosa Marta Melancólica

Marta nunca se ofrecerá voluntariamente a ocupar un lugar de servicio a menos que primero se sienta movida por el Espíritu Santo. Sin embargo, si tiene un poco de temperamento sanguíneo, es posible que primero se ofrezca para servir y luego se arrepienta de haberlo hecho. Su pobre imagen propia y su naturaleza pesimista, generalmente la hacen sentirse no capaz de hacer mucho. Debido a esto, probablemente Marta se sienta más cómoda trabajando entre niños en lugar de hacerlo con otros de su misma condición. Es más factible que los niños la acepten tal como es, mientras que sus pares pueden pensar que no está a la altura requerida por el trabajo.

Como la melancólica es generalmente la persona con dones artísticos y talentos, quizás tenga don musical, pero se sienta inhibida de usarlo. Su actuación nunca llegará a satisfacerla, aun después de largas horas de práctica, de modo que es poco probable que alguna vez haga uso de sus talentos.

Es mejor no colocarla en la situación de enfrentar a desconocidos, porque puede retraerse y sentirse poco feliz en su trabajo. Marta vive en un mundo propio, de modo que no sería una buena consejera, ni andaría bien en un servicio que implique relacionarse con las personas.

Vista por el lado positivo, su verdadera capacidad está en llevar el registro de las cosas o en hacer trabajos detallados. Esto puede significar pasar lista en la Escuela Dominical o llevar el registro de la tesorería de la iglesia. Marta tiene un modo de trabajar ordenado y exacto, y suele llevar bien las cuentas. Cualquiera sea la tarea que haga, se puede contar con su fidelidad y responsabilidad. Es cierto que Marta no se esforzará por hacer gran cosa. Pero a pesar de conservar su energía, todo lo que emprende siempre lo lleva a cabo.

Cuando Marta llegue a ser una mujer sujeta al Espíritu Santo tendrá la capacidad para hacer muchas cosas que le son difíciles o ajenas a su temperamento natural. He visto a mujeres de temperamento melancólico, controladas por el Espíritu Santo, transformarse en personas tan decididas y llenas de confianza en sí mismas, que no parecen ser las mismas.

Una de nuestras iglesias tenía un programa destinado a dar la bienvenida a las personas, a medida que entraban a nuestros servicios. Cada domingo una pareja diferente se paraba frente a la puerta de la iglesia durante unos treinta minutos antes del inicio del culto a fin de dar la mano y saludar a todo el que entraba. Esta costumbre me resultó encantadora porque nunca sabía quién estaría allí, y muchas veces era una pareja que no me resultaba muy conocida. Este es un ministerio que cualquier pareja puede hacer. Como es frecuente que los temperamentos contrarios se atraigan en el matrimonio, muchas veces uno de ellos será muy expresivo mientras el otro es más retraído. Por cierto que nuestros «recepcionistas» ponían de manifiesto este hecho. Por lo general uno de ellos se adelantaba a tomarle la mano al que llegaba, aun antes de que la persona hubiese traspuesto el umbral, mientras que el otro se quedaba en la retaguardia con cierta reticencia. Un domingo fui sorprendida porque ambos me sujetaron de la mano para saludarme y literalmente me halaron hacia adentro. Qué recibimiento fue ese, y qué poco frecuente es encontrar una pareja en la que ambos son tan extrovertidos.

Luego supe que, la mujer que me había recibido en la puerta, recientemente se había rendido al Señor, y resultaba obvia la obra del Espíritu Santo en su vida. En tiempos anteriores se había negado a estar en ese lugar saludando a la gente. Su imagen propia era tan pobre, pensaba siquiera que alguno quisiese estrecharle la mano. ¡El Espíritu Santo realmente puede establecer la diferencia! Ahora dicha mujer cumple el ministerio de dar la bienvenida a la gente que llega a la iglesia. Y Dios aún no ha terminado la obra con ella. Será emocionante ver cuáles otros ministerios Él está preparando para ella.

La confiable Felisa Flemática

Felisa es otra que se mantendrá al margen a menos que se la presione para hacer alguna tarea. Generalmente le satisface ser espectadora, en lugar de participante. Pero una vez se siente motivada y acepta el desafío, se puede esperar de Felisa un excelente desempeño. Su naturaleza responsable y consecuente hace de trabajar con ella todo un placer.

Dado que es una persona gentil, paciente y afable, Felisa suele ser muy capaz para trabajar con los niños. Los chicos perciben su naturaleza genuinamente bondadosa y responden a ella con rapidez. Tiene la capacidad potencial para ser una buena maestra.

Sin embargo, es mejor no asignar a Felisa tareas para ser hechas con apuro. El trabajo que realiza es excelente, pero se la conoce como un tanto lenta porque le gusta trabajar cuidadosamente y a conciencia. Se desempeña bien estando bajo presión, pero prefiere no estar en esa situación.

Su naturaleza le hace no involucrarse demasiado con otros adultos, lo cual la muestra como indiferente a sus necesidades. Gracias a su espíritu sereno y su naturaleza objetiva, es muy apta para actuar como consejera. Muchas consejeras de los centros de embarazos de crisis son flemáticas y tienen un desempeño muy exitoso.

Para superar las debilidades de Felisa, es necesaria la misma solución que en el caso de Marta: La obra del Espíritu Santo. El Espíritu Santo puede hacerla llevar a cabo tareas que parezcan contrarias a su temperamento natural. Pero primeramente debe estar dispuesta a ser controlada por el Espíritu. He podido observar el progreso de una mujer muy flemática. Al principio tenía mucho recelo en comprometerse y se protegía de las presiones externas que pudieran obligarla a participar en algo. Parecía tener una caparazón protectora impenetrable. Incluso era limitada por su área de servicio de trabajo con los niños, ya que se sentía sumamente cómoda, y podía llevar a cabo este servicio sin depender demasiado del Señor. Finalmente, en esa caparazón protectora se produjo una grieta, y el Espíritu Santo pudo penetrar.

Fue hermoso observar la transformación ocurrida en esta mujer durante los meses que siguieron. Se entregó completamente a Cristo y pidió ser controlada por el Espíritu Santo. Hasta llegó a pedirle la usara en un nuevo ministerio donde pudiera llegar a estar en total dependencia del poder del Espíritu. ¡Y esto es exactamente lo que pasó! Ahora ha aceptado riesgos espirituales lo cual, en el caso de su temperamento, representa un gran esfuerzo. Pero su Padre celestial le brinda apoyo. Si el Señor la soltara (cosa que no hará), no tendría modo de rescatarse ella misma. ¡Esto se llama depender totalmente de Cristo!

La dinámica Clara Colérica

Este tipo de mujer no se asemeja en nada a Marta y Felisa, quienes tienen problemas con su imagen propia. En cambio, Clara tiene una superabundancia de autoconfianza y una elevada opinión de sí. Debido a esto, Clara generalmente no participa sino en aquello en que pueda ser líder y ejercer pleno control. La falta de capacidad de los demás le disgusta a tal punto que prefiere hacer las cosas ella misma.

Generalmente Clara es buena organizadora y hábil promotora, lo cual brinda resultados eficientes. La oposición no la frena, por el contrario, actúa como un estimulante desafío.

El espíritu pionero de Clara es una verdadera ventaja para comenzar y organizar nuevos trabajos y ministerios. Su automotivación y empuje la harán iniciar proyectos, y tendrá la tenacidad de verlos concretados.

Frecuentemente la mujer colérica se ofrece para ser una líder de área para *Concerned Women for America*. A causa de su espíritu pionero, tiene la capacidad de andar por un camino que no ha sido transitado con anterioridad, y no tiene temor de enfrentarse a quienes no opinan como ella.

Por lo general, a Clara no le interesa ser consejera porque no dispone de tiempo ni se interesa en los problemas de los demás. Probablemente se volvería sumamente impaciente ante las debilidades de aquellos a quienes aconseja. Tampoco conviene ponerla en tareas con niños. Debido a su carácter explosivo e irascible, a Clara le costaría tolerar las exigentes condiciones del trabajo entre niños.

Sin embargo, cuenta con las aptitudes necesarias para dirigir una comisión o un departamento de trabajo. Algunos pueden sentir que su liderazgo es dictatorial, pero si este es el caso, se debe únicamente a su deseo y a su empuje por alcanzar las metas propuestas. En su afán por llegar a ellas, es posible que pase por encima de o incluso atropelle algunas personas. Por lo tanto, cuando se trabaja junto a una Clara, es mejor moverse a la par de ella, o, de no ser posible guardar el mismo ritmo, al menos mantenerse fuera de su camino. Sin embargo, el Espíritu Santo es capaz de suavizar y cambiar incluso este rasgo temperamental a fin de hacer que le resulte más fácil congeniar con sus semejantes y ser más sensible hacia quienes trabajan con ella.

Un verano, nuestra Escuela Bíblica de vacaciones fue dirigida por una Clara Colérica muy capaz. Aceptó la tarea bastante cerca de fin de año, cuando todos los demás se habían negado a tomarla. Al notar que debía proceder más rápidamente de lo normal debido a la falta de tiempo, se lanzó de cabeza a la organización cumpliendo un ritmo de labores acelerado. Nunca he visto que se preparare una lección con tanta rapidez, por no decir nada acerca del trabajo detallado, dedicado a la planificación de manualidades y pedido de materiales. Logró encontrar el personal necesario casi de inmediato y, créase o no, todo estuvo listo y en orden el día en que debía empezar la escuela.

La Escuela Bíblica de vacaciones se desarrolló con eficiencia y corrección en la superficie, pero por debajo yacían todos los marcados y heridos que se habían puesto a su paso en la marcha hacia la meta. Por último, los ofendidos comenzaron a unirse y a renunciar uno por uno. El pastor tuvo que dedicarse de lleno a curar las heridas infligidas por Clara, y aplicar «vendas espirituales» en un intento de restituir la paz y la armonía. Logró sanar a algunos de los heridos y la Escuela Bíblica pudo continuar. ¡Pero cuánto más se habría logrado si Clara hubiera sido controlada por el Espíritu Santo! Evidentemente sentía que debía hacer todo por su cuenta, y casi fracasó. Dios estaba dispuesto a usar sus puntos fuertes como organizadora y promotora, pero necesitaba de Él para ayudarla a lograr un espíritu cariñoso y sensible a las necesidades de los demás. ¡Las mujeres coléricas también necesitan ser controladas por el Espíritu!

La amigable Sara Sanguínea

Esta alegre persona es una de las más activas en el servicio cristiano. Siempre está dispuesta a ofrecer sus servicios en cualquier área de trabajo. Desafortunadamente no es muy disciplinada y suele llegar tarde y ser poco confiable en lo que promete hacer.

Sin embargo, los chicos quieren mucho a Sara porque es muy hábil e imaginativa para contarles historias. Es capaz de dramatizar y adornar las historias de modo que cobren vida ante los ojos de chicos y chicas. Como no tiene inhibiciones, Sara fácilmente se libera y participa de sus juegos y acrobacias. Disfruta de tener personas a su alrededor porque parecieran satisfacer una necesidad básica de ella: la de ponerse en evidencia.

El programa de visitación de la iglesia se ve muy favorecido cuando cuenta con la participación de Sara. Sabe establecer contacto con las personas y es extremadamente cordial y entusiasta. Su carisma atrae a muchas personas hacia ella. Sara es una persona que siempre tiene muchos amigos.

Pero es difícil para ella quedar totalmente a cargo de un programa porque es desorganizada y generalmente improductiva. Se ha sabido que Sara puede llegar a cometer graves equívocos, pero como la mayoría de las personas la quiere, están dispuestas a pasar por alto muchos de sus errores.

Su modo de aconsejar no es muy cabal, puesto que se apresura a dar consejo sin haber escuchado todos los detalles de un asunto. Curiosamente, muchos desean contar sus problemas a Sara debido a su personalidad atractiva. También hay muchos que se sienten atraídos hacia ella porque suele ponerse de parte de quienquiera le esté contando sus problemas.

El Espíritu Santo tiene mucho para ofrecer a Sara en el terreno de la autodisciplina. Es una trabajadora voluntariosa, pero es necesario que llegue a ser confiable. Todos hemos conocido a personas sumamente capaces que pierden su efectividad por no ser confiables. Una mujer de este tipo —una sanguínea simpática y encantadora, que se ofreció a dirigir el coro juvenil de nuestra iglesia— provee un ejemplo de esto. Dicha directora era querida por los chicos, y el coro inmediatamente creció en número. Todo parecía marchar bien hasta que un padre decidió que se quedaría a observar mientras esperaba a su hijo. El ensayo estaba programado para las cuatro, pero al llegar las cuatro y diez, la directora aún no había llegado. Ya había treinta y cinco adolescentes activos congregados. Me gustaría poder decir que estaban sentados con las manos cruzadas, esperando pacientemente que llegara la directora. Pero eso no sería cierto, tampoco sería normal. En lugar de eso había muchachos persiguiendo a chicas, tirando libros a otros y jovencitas saltando de silla en silla. Por fin, a las cuatro y veinte llegó corriendo la directora del coro, casi sin aliento, pidiendo disculpas con una sonrisa, mientras agarraba a los jóvenes y los ubicaba en sus sillas. Rápidamente le explicó al preocupado padre que había tenido que ir de compras y el tiempo se le había escapado sin darse cuenta. Los adolescentes, luego le contaron al padre que esto sucedía casi todas las semanas. Siempre tenían que esperarla.

La gota que rebosó la copa ocurrió el día en que debía cantar el coro en la iglesia, un domingo por la noche. Los chicos llegaron y se sentaron en los bancos designados para ellos. La reunión comenzaba a las siete y a esa hora estaban en sus lugares todos los integrantes. ¡Se veían tan lindos! Los niños tenían todos sus camisas acomodadas en los pantalones, y el cabello prolijamente peinado. Las chicas lucían vestidos con vuelos y su cabello perfectamente rizado. Era evidente el entusiasmo y la emoción de los padres al acompañar a sus hijos hasta el frente del salón y ubicarlos en el banco reservado. Se inició el culto pero Sara no había llegado. Para cuando dieron las siete y media era evidente que ella no llegaría, de modo que mi esposo me reclutó de entre el público para cumplir la función de directora. Logramos llegar al fin de esta experiencia traumática, pero la confianza propia de los niños había quedado sacudida, y todos quedaron con la impresión de no haber hecho su mejor papel. Allí había treinta y cinco adolescentes que se sentían defraudados por la directora. ¡Y con toda razón! Aunque no lo crean, ella se había olvidado completamente de esta importante actividad, y había hecho un viaje a otra ciudad. Al siguiente ensayo se presentaron solamente diez integrantes. La efectividad de Sara como directora de coro se había esfumado. Había defraudado a los chicos y probablemente había disgustado también a los padres. ¡Cuánta falta le hacía la ayuda del Espíritu Santo en su vida para hacerla más disciplinada y confiable!

❧ ─────────────────────────────

> *Dios puede usar a cualquiera que tenga un corazón dispuesto, una vida dedicada y una oración que pida la llenura del Espíritu Santo. Sin embargo, es necesario que la mujer cristiana mantenga un equilibrio adecuado de actividades en su vida.*

───────────────────────────── ❧

Toda mujer puede servir a Dios. Podemos decir como Pablo: «Del cual yo fui hecho ministro por el don de la gracia de Dios que me ha sido dado según la operación de su poder. A mí, que soy menos que el más pequeño de todos los santos, me fue dada esta gracia de anunciar entre los gentiles el evangelio de las inescrutables riquezas de Cristo» (Efesios 3.7-8).

Dios puede usar a cualquiera que tenga un corazón dispuesto, una vida dedicada y una oración que pida la plenitud del Espíritu Santo. Sin embargo, es necesario que la mujer cristiana mantenga un equilibrio adecuado de actividades en su vida. Es posible que se vea muy involucrada en su servicio para el Señor, descuidando su familia y su hogar, o incluso su relación con el Señor. Si una madre está tan ocupada que no puede prestar debida atención a su marido o escuchar atentamente a sus hijos, tampoco podrá realizar una tarea efectiva para el Señor. Por otra parte, algunas mujeres usan su hogar y su familia como una excusa para no verse comprometidas. Debe haber un equilibrio adecuado: servir a nuestras familias, mantener nuestros hogares, y servir a nuestro Padre celestial.

Vuestra gentileza sea conocida de todos los hombres. El Señor está cerca (Filipenses 4.5).

15

Los desafíos en la vida de la mujer cristiana

No todas las esposas cristianas han tenido la bendición de contar con un esposo cristiano. En la historia de la Iglesia, probablemente ha habido millones de mujeres cristianas casadas con esposos inconversos. En efecto, pareciera que a menudo después de dictar una conferencia, se me presentan por lo menos cinco o seis mujeres que piden oración especial por sus cónyuges inconversos. Este grupo de mujeres necesita que fluya a través de ellas una porción mayor de la gracia de Dios. Por cierto habrá momentos en que alguna de ellas se preguntará cómo hacer para seguir adelante, se requeriría gracia celestial y sabiduría divina para continuar viviendo con algunos de estos hombres, por lo que me han dicho sus esposas. Pero el amor de Dios es eterno y su corazón sufre por los cónyuges inconversos. Al fin y al cabo, Cristo murió por cada uno de esos hombres.

Que su amor lo gane para Cristo

Muchos esposos han sido ganados para Cristo por la

actitud de amor constante y fiel de sus esposas hacia ellos. Una esposa no debería tratar de cambiar a su marido, debe aprender a aceptarlo tal como es. Algunos esposos se vuelven muy exigentes y un tanto irrazonables con sus esposas a medida que el Espíritu Santo los redarguye. Esto puede convertirse en una etapa de sufrimiento y de prueba para la familia, especialmente para la esposa. Es en estos momentos que el esposo necesita estar rodeado de una atmósfera de oración y comprensión, y ella requiere estar llena del Espíritu Santo para permanecer firme y serena. Es la voluntad de Dios que la esposa se sujete al marido, aun cuando éste no sea creyente.

> Asimismo vosotras, mujeres, estad sujetas a vuestros maridos; para que también los que no creen a la palabra, sean ganados sin palabra por la conducta de sus esposas, considerando vuestra conducta casta y respetuosa (1 Pedro 3.1,2).
>
> Sino el interno, el del corazón, en el incorruptible ornato de un espíritu afable y apacible, que es de grande estima delante de Dios. Porque así también se ataviaban en otro tiempo aquellas santas mujeres que esperaban en Dios, estando sujetas a sus maridos (1 Pedro 3.4-5).

Compréndalo

Su esposo no creyente tiene una gran necesidad de que usted lo entienda y sea su compañera, así que no compita con él. Lo que menos necesita es una esposa matraca que lo esté reprochando constantemente. Más bien necesita a su lado una mujer optimista y creativa. Trate de entender qué cosa lo hace sentir enojado o feliz, y cuál lo hace sufrir. Busque la mejor manera de alentarlo. También cuídese de no hablar de los problemas de él fuera del hogar y sobre todo, no esté constantemente recordándole a su esposo su necesidad de Dios. Más bien recuérdele a Dios las necesidades de su marido.

Complázcalo

La esposa del hombre inconverso debería tratar de ser la mejor ama de casa posible. Debería cocinar para complacer a su marido y sus tareas hogareñas deberían estar cubiertas de amor y oración. Algunos esposos se vuelven un tanto críticos de sus esposas creyentes, de modo que debe hacer todo lo posible para complacer a su esposo, siempre y cuando sus esfuerzos no estén reñidos con los principios bíblicos. Aun más importante que los hechos es la actitud asumida al hacerlo. Practique prestar atención a las cosas positivas en lo que respecta a su esposo, y concéntrese en ser una persona que proporcione alegría a cuantos la rodean.

Respételo

Debe poner suma atención en ser obediente y respetuosa hacia su marido. Quizás haya algunas raras ocasiones en que no pueda ser sumisa y obediente a su esposo, pero eso sólo ocurrirá cuando le pida hacer algo absolutamente reñido con las Escrituras. Hay muy pocas cosas que ilustran esto: adulterio, mentira, robo, etc. Con demasiada frecuencia las mujeres argumentan que el Señor les ha mostrado que deben desafiar a sus esposos, a pesar de que no exista un mandato tal en las Escrituras. El respeto por su esposo puede significar que por un tiempo deba dejar de participar de una clase bíblica o incluso de asistir a la iglesia. Pero recuerde que su obediencia y sumisión, si están acompañadas del espíritu que corresponde, serán mucho más efectivas en ganarlo para Cristo, que su asistencia a una clase bíblica.

Examínese usted misma

¿Sermonea usted a su esposo, en lugar de dejarlo en manos de Dios y permitir que su Padre celestial se encargue de las consecuencias de sus actos? ¿Ha sido floja en enseñar a sus hijos a respetar a su padre? ¿Es usted tan activa en la iglesia que está fuera de casa gran parte del tiempo? ¿Ha sido fría y crítica para con su esposo? Si ha respondido «sí» a cualquiera de estas preguntas, posiblemente deba pedir perdón a su esposo por su mala disposición y comportamiento inadecuado.

¿Alguna vez ha considerado el otro lado de la sumisión... es decir, lo que significa para su esposo su sumisión? Muchas mujeres se ponen a la defensiva cuando abordamos siquiera dicho tema. El movimiento feminista ha intentado redefinir la palabra *sumisión*, convirtiéndola en algo que equivale a ser una persona inferior, de segunda categoría. Estas mujeres sólo hablan del atropello a sus derechos. ¿Pero no se le ha ocurrido alguna vez que Dios nunca le habría pedido someterse a su esposo como cabeza del hogar, si no fuese que su esposo tuviese necesidad de su respeto y admiración? Los hombres más frustrados con los que tratamos mi esposo y yo, no son los que han sufrido fracasos vocacionales o educacionales, sino hombres cuyas esposas no los respetan por medio de la sumisión. En muchos casos, el hombre merece el respeto de su esposa, pero ella es dominadora y se niega a someterse. ¡En un matrimonio así, ambos salen perdiendo!

Mi esposo y yo fuimos testigos de cómo, efectivamente, el amor de una mujer de Dios pudo ganar a su esposo para Cristo. Primero comenzó a asistir a la iglesia sola. Entraba y salía de la reunión sin demorarse de modo que resultaba difícil entablar amistad con ella. Luego nos enteramos que asistía a la primera reunión de la mañana y se iba de inmediato para llegar a casa a tiempo para servirle el desayuno a su esposo que se levantaba a esa hora. Pasaba el resto del domingo con él, conformándose a los planes de él. Esta mujer era una adoradora silenciosa. Amaba entrañablemente al Señor, sin embargo cuando se le pidió que se hiciese cargo de una clase de Escuela Dominical, se negó amablemente. Su negativa no reflejaba una falta de deseo de enseñar, sino más bien su intención de dar prioridad, en ese momento, a su papel de esposa y compañera de su marido inconverso. Hasta se negó a ser miembro de la iglesia sin su esposo, porque sentía que debían estar unidos aun en una cosa así. Ya sea que estuviese acertada o no en este asunto, igualmente tenía un hermoso espíritu y un gran deseo de ser una mujer de Dios.

La observamos mantenerse en su posición de esposa fiel, servicial y sumisa, durante casi siete años. Entonces, un domingo de pascua su esposo le anunció que pensaba levantarse un rato antes de lo acostumbrado y acompañarla a la iglesia. Esto surgió de su propia iniciativa y constituyó el comienzo de una nueva vida para él. Poco después aceptó al Señor Jesús en su corazón y la pareja logró su unidad en Cristo. Hoy son fieles miembros de la iglesia y prestan servicio en varias comisiones de la iglesia. Esta mujer puede mirar atrás y recordar sin remordimiento aquellos años de espera y silenciosa adoración. No reprochó, ni sermoneó, ni abandonó a su marido por asistir a los cultos; en vez de eso, se dedicó a llevar una vida hermosa y constante ante él. Más adelante testificó que el ejemplo diario de su esposa lo llevó a considerar la posibilidad de ser cristiano.

Está casada con su profesión

Otras esposas tienen maridos cristianos, pero su desafío

se presenta en la cuestión de tener que compartir su tiempo. Si este es su desafío, conformarse a los planes de su esposo tal vez signifique no tenerlo sino parte del tiempo por causa de su profesión. He escuchado historias relatadas por las esposas de militares, médicos, pastores, políticos, ejecutivos de ventas etc., y todas dicen más o menos lo mismo: «Mi esposo está fuera tanto tiempo, que yo debo criar a los hijos y lidiar con la casa sola». Pareciera haber una mezcla de soledad, autocompasión, amargura y depresión en las quejas de muchas de estas mujeres. ¡Se sienten atrapadas! Esto nada tiene que ver con los esposos que dejan a sus familias para «salir con los muchachos». Más bien, me estoy refiriendo a aquellos esposos cuyas profesiones les requieren estar alejados de sus familias durante largo tiempo.

En una visita hecha una vez a la esposa de un congresista en la ciudad de Washington, D.C., supe enseguida que había sufrido bastante cuando él ocupó por primera vez su cargo. Él estaba dedicado a su nueva profesión y sinceramente trataba de desempeñarse bien para su país. Naturalmente, eso significaba que debía pasar largas horas cada día en la oficina y realizar muchos viajes extensos para establecer contacto con la gente representada. La esposa se preguntaba constantemente qué hacía ella en Washington. Incluso la tarea de sacar la basura, que antes siempre había hecho él, era ahora un diario recordatorio de cuán sola estaba para llevar adelante una enorme casa y educar a tres hijos contando únicamente con un padre y un esposo de medio tiempo. Su autocompasión creció al punto de permitir el deterioro de su aspecto exterior, y se dejó hundir en un estado de soledad y depresión.

> *Los esposos pueden tener mucho más éxito y estar en paz consigo mismos cuando cuentan con el apoyo de una esposa que manifiesta una actitud llena del Espíritu hacia la profesión de su marido, y está dispuesta a acomodarse a los planes de su marido.*

Las pocas horas que su esposo podía pasar con ella, se iban en escuchar a una mujer quejosa y llena de críticas, cuyo espejo y peine parecían haberse perdido. Su condición iba empeorando hasta llegar a considerar volverse con sus hijos al lugar de origen. Pero Dios intervino. Alguien la invitó a una clase de estudio bíblico en Washington, donde conoció a otras esposas de políticos y funcionarios de gobierno que eran mujeres radiantemente felices y realizadas. ¿Qué tenían para poder ser tan distintas? A ellas les tocaba vivir con esposos ausentes de su casa, tanto tiempo como el suyo, y parecían saber manejar la situación mucho mejor. Fue allí cuando le presentaron a Jesucristo y se dispuso a aceptar a Aquel que puede hacer que las cosas sean diferentes. Mediante todo esto aprendió que una actitud adecuada hacia su esposo y hacia su profesión, cambiarían su visión de la vida. Me contó que había empezado a contar sus bendiciones, pues había mucho por lo cual estar agradecida.

Cuando yo la conocí, ya habían transcurrido varios meses desde su conversión. Mi primera impresión de ella, fue que se trataba de una mujer radiante y feliz. ¡El Espíritu Santo había hecho la diferencia! Estoy segura de que su esposo tiene un desempeño mucho mejor como congresista, gracias al espíritu de la mujer que lo apoya. Ella se ha convertido en una verdadera ayuda idónea.

Lo mismo puede decirse de las esposas de militares, doctores, pastores o cualquier otro oficio. Los esposos pueden tener mucho más éxito y estar en paz consigo mismos, cuando cuentan con el apoyo de una esposa que manifiesta una actitud llena del Espíritu hacia la profesión de su marido, y está dispuesta a acomodarse a sus planes.

Creo poder agregar algo sobre este tema, a partir de mi propia experiencia. Durante nuestros primeros años en la crianza de la familia, mi esposo viajaba mucho, llevando a cabo numerosos seminarios y reuniones proféticas a lo ancho de los Estados Unidos. Cuando nuestros hijos eran pequeños me costaba mucho aceptar sus periódicas ausencias. Me dejaba atrapar por los aspectos negativos y cuando mi esposo regresaba, me encontraba en un pozo de autocompasión. Al fin y al cabo, el sistema de cañerías comenzaba a dañarse, el inodoro se tapaba, el perro se escapaba, y todo lo que a usted se le ocurra... todo lo que podía llegar a andar mal, generalmente sucedía cuando él estaba ausente. Pero después de uno de sus viajes recibí una carta de una mujer particularmente bendecida en la reunión que había conducido mi esposo. Su carta decía algo así:

> Estimada señora LaHaye:
>   No la conozco, pero deseo agradecerle por compartir a su esposo con tantas otras personas. Debe ser difícil quedarse sola por tanto tiempo. Estoy segura de que usted estaba orando en su casa por su esposo para que Dios pudiera usarlo de manera poderosa (un quejido de mi parte). Mi corazón fue muy bendecido por sus mensajes, y Dios lo usó para ayudarme a resolver un serio problema familiar.

¡Grande será su recompensa por su bondad y fidelidad a nuestro Padre celestial!

Firmada por

Una amiga necesitada

Ni se imaginaba ella que yo no estaba en casa orando. En lugar de eso, me pasaba el tiempo rezongando y quejándome. Pero Dios usó a esa preciosa mujer para redargüir mi conciencia y me di cuenta de lo que me estaba perdiendo. ¡No participaba de las bendiciones! Poco tiempo después me convertí en su mayor guerrera en oración. Es sorprendente cómo cambia nuestro ánimo cuando oramos en vez de quejarnos. Desde ese momento en adelante nuestros hijos y yo, formamos parte de su ministerio y pudimos participar de las bendiciones. Y al pasar nuestros hijos a la edad adulta, comencé a viajar con mi esposo y he sido conferenciante en los Seminarios de Vida Familiar hacia los que, antes, tenía una actitud negativa.

Una conocida revista femenina publicó la historia de la esposa de un senador, separada legalmente de su marido por tres años, por causa de la soledad resultante de su profesión. Ella declaró que volvió a su lado porque, a pesar de todas las diferencias de temperamento y disparidad de metas que tenían, se dio cuenta de que nunca encontraría otro hombre al que admirara o respetara más. No había ninguna indicación en este artículo indicativo de que esta mujer fuera creyente en Cristo. Pero si ella pudo llegar a esa decisión sin tener a Cristo, cuanto más fácil debiera resultar para nosotras, que andamos en el Espíritu, aprender a apoyar a nuestros esposos en sus profesiones.

Cuando centramos nuestra atención en lo positivo y aprendemos a aceptar las cosas que no podemos cambiar, avanzamos un peldaño en la escala de la felicidad. Los resultados de la vida llena del Espíritu serán gozo, paz, longanimidad y un corazón agradecido y lleno de alegría.

Hace varios años, Lila Trotman (esposa de Dawson Trotman, quien fuera presidente de Los Navegantes, antes de su muerte), dijo una vez: «Tu esposo nunca será totalmente tuyo hasta que lo hayas entregado primero a Dios. Sólo puede ser tuyo si estás dispuesta a permitirle ir dondequiera que Dios lo llame y hacer lo que Dios quiere que haga. Debes estar siempre dispuesta a dejar que Dios esté en primer lugar en su vida». Recuerde eso, su marido le pertenece primero a Dios y luego a usted. El mundo se habría perdido el impacto del ministerio de hombres tales como Dawson Trotman, Billy Graham, y un sinnúmero de otros si las esposas no los hubiesen entregado a Dios.

El desafío de ser suegra

La mujer con hijos casados, también puede ser una suegra llena del Espíritu Santo. Hay algo en la experiencia de ser suegra que pone de manifiesto las verdaderas cualidades de una mujer. Si está en su naturaleza ser egoísta y posesiva, se convertirá en una suegra con esas características. Si es una mujer afable, llena de gracia y bondad, le será fácil convertirse en una suegra llena del Espíritu.

Un consejero matrimonial muy conocido, afirma que la mayoría de los problemas entre nuera y suegra surgen del hecho de que hay dos mujeres enamoradas de, y con los ojos puestos en, el mismo hombre. Es interesante que uno de los factores que más pesa en la capacidad de la suegra de aceptar a la esposa de su hijo, es su relación con su propio esposo. Si la suegra goza de una sana relación de amor con su marido, le será fácil recibir a la familia de la esposa de su hijo como a una hija más. Si por el contrario, su relación de amor con su marido ha sido pobre y, como suele suceder, ha desarrollado un vínculo de amor, demasiado posesivo, con su hijo, es casi seguro que le será difícil aceptar a la esposa de éste. Y en el caso de una suegra que ha vivido sin esposo por muchos años, es muy posible que se haya acostumbrado a depender de la compañía de su hijo para hallar apoyo y consejo. Entonces puede resultarle difícil pasar a un segundo plano y permitir que la nueva esposa sea ahora la compañera de él.

Una madre con un amor tan asfixiante, por lo general no se da cuenta del problema hasta que se descubre compitiendo con otra mujer por el amor de su hijo. Cuando tal competencia surge, la suegra debe enfrentarse en forma realista a su problema. La Biblia dice: «Por tanto dejará el hombre a su padre y a su madre, y se unirá a su mujer» (Marcos 10.7).

Es importante que una madre acepte la pareja que ha elegido su hijo, aun cuando es posible que no haya aprobado su matrimonio.

Muchas madres no se dan cuenta de que a partir del momento en que su hijo y su nuera salen de la iglesia como marido y mujer, su papel en la vida de su hijo nunca volverá a ser el mismo. Hasta ese momento es posible que la madre haya sido la figura femenina dominante en la vida de su hijo. Pero ahora, lo mejor que puede hacer es encomendarlo a su nueva esposa, y poner a ambos en las manos de Dios, a medida que procura conscientemente ser una influencia cada vez menor en su vida. Es más, debería tener la prudencia de usar sus talentos femeninos maduros para apoyar y exaltar las virtudes de la joven esposa ante los ojos de su hijo. El mismo principio se aplica en el caso de la hija y el nuevo yerno. La hija debe ser animada a depender de su esposo para recibir amor y seguridad, en lugar de recibirlo de su padre.

Admito que al comienzo habrá un tiempo de ajuste para todos los involucrados, pero redunda en gran beneficio en la relación de amor que puede ser edificado entre los padres y esos dos jóvenes. Sin embargo la inversión se recuperará mediante una relación permanente con su hijo y habrán ganado el cariño de una hija.

Es importante que una madre acepte la pareja que ha elegido su hijo, aun cuando es posible que no haya aprobado su matrimonio. Debe estar dispuesta a perdonar y olvidar, y luego a amar y aceptar a ambos. «Antes sed benignos unos con otros, misericordiosos, perdonándoos unos a otros, como Dios también os perdonó a vosotros en Cristo» (Efesios 4.32).

La suegra puede agregar a la felicidad y al contentamiento de la joven pareja por medio de su comprensión, evitando ser exigente. Uno de los problemas que suele surgir con más frecuencia es en cuanto a cómo y dónde pasar las fiestas.

Una suegra puede causar innecesaria agitación y desasosiego al flamante hogar, al planificar las fiestas de acuerdo con sus propios deseos, demostrando una falta de consideración hacia su hijo y su nuera. Al hacerlo, pone en peligro su buena relación con ellos. Muchas veces las fiestas se convierten en un tiempo de tensión en lugar de ser una ocasión de estrechar el vínculo familiar. Mucho mejor sería tratar de que los momentos que pasan juntos la pareja y la familia fuesen tan gratos, que la pareja tuviese deseos de compartir con ellos las fiestas. Pero el posible compañerismo de una sola ocasión festiva en particular, no justifica poner en peligro la relación de toda la vida con esos dos jóvenes. Habrá algunas presiones inevitables que determinarán que los padres queden ocasionalmente fuera de los planes de la pareja en ciertas ocasiones festivas. Pero los padres debieran facilitar la situación para los jóvenes, conformándose alegremente con cualquier oportunidad que tengan de estar juntos.

Evite desde temprano los problemas con parientes políticos

Es posible establecer un buen fundamento mucho tiempo antes de realizarse la boda. Las dos familias pueden acercarse y conocerse durante la época del noviazgo, antes del compromiso. El hecho de planificar las actividades de una boda con ambas familias ayudará también a sentar un fundamento básico sobre el cual la joven pareja pueda comenzar su vida de matrimonio. Sin embargo, es importante que la pareja que habrá de casarse, dé el honor y respeto adecuado a ambos conjuntos de padres. La vida controlada por el Espíritu, que practiquen todos los que están involucrados, hará que ésta sea una experiencia hermosa e inolvidable para todos.

Seis pasos para ser una suegra feliz

1. *Sea sincera consigo misma.* No hay ninguna necesidad de poner una fachada o aparentar lo que no existe. ¡Su propio hijo o hija seguramente se dará cuenta y se preguntará qué le está pasando a su madre! Si no le basta con ser usted misma, deberá dedicarse a mejorar su persona cuando esté a solas. La Biblia dice que es necesario hablar la verdad en amor (Efesios 4.15). Si siempre se habla con la verdad, no será necesario que se preocupe por cosas que haya dicho

anteriormente, pues serán verdades dichas en amor. A decir verdad, mientras escribía este libro hubo ocasiones en que tuve que decir la verdad en amor y explicarle a mis hijos casados que no podía cuidar de sus hijos. Pero en lugar de causarles resentimiento, la verdad fue apreciada y bien recibida.

2. *Sea considerada de los derechos de la pareja y no imponga su voluntad sobre ellos.* Recuerde que ahora componen una unidad familiar. El hombre es la cabeza de su casa, y el hogar es de ellos. Tienen derecho a su vida privada. Si son recién casados, tenga en cuenta, de manera particular, que necesitan un tiempo para adaptarse a su vida matrimonial. Puede creer, de buena fe, que los ayuda al ofrecer sus servicios, pero la mayoría de las parejas jóvenes prefiere hacer las cosas por su cuenta. Sea sensible a sus deseos y no imponga su voluntad sobre la de ellos.

3. *Asegúrese de dar igual trato a ambos.* El matrimonio une al esposo y a la esposa convirtiéndolos en uno, y esa es la forma en que debe tratarlos. Cartas, regalos o recuerdos, deben repartirse equitativamente. Una esposa joven me contó que su suegra siempre escribía las cartas encabezándolas a su hijo. Esa suegra corre el peligro de apartar a su propio hijo de su lado por no dar igual trato a su pareja.

4. *Tenga cuidado de no criticar a un miembro de la pareja ante el otro.* El sentido común debería advertirle que esto es poco aconsejable. Una de las mejores maneras de evitar la crítica es rehusar escucharla y no permitir que su hijo o su hija critique a su cónyuge ante usted. Nunca debe hacer comentarios negativos a un miembro de la pareja acerca del otro. Recientemente escuché a una suegra que, hablando con su hijo, criticaba a su nuera con respecto a una compra poco sabia que había efectuado. Dicha suegra estaba plantando

semillas de descontento en la mente de aquel hijo. Al hacerlo, se arriesga a introducir una cuña entre ella y su hijo.

5. *Cuídese de ser entrometida o de dar su opinión sin que se la pidan.* Puede que no le guste la forma en que gastan su dinero o emplean su tiempo, pero no debe decírselo. Si se trata de algo serio, entonces debe tratarlo con su Padre celestial, y dejarlo en manos de Él. De ninguna manera debe decirles cómo deben criar a sus hijos. Usted ya ha tenido su oportunidad. Ahora debe dar a la nueva pareja la oportunidad de impartir a sus hijos sus principios acerca de la vida. Si ha hecho un buen trabajo con ellos, entonces quédese tranquila y observe cómo ponen en práctica lo que les ha enseñado. El consejo debe ser dado únicamente cuando es solicitado en forma específica, y aun así, con mucha prudencia. La influencia de un abuelo puede darse en forma directa con los nietos cuando ellos formulan preguntas y cuando los abuelos les dedican tiempo de calidad.

6. *Asegúrese de que sus actitudes estén sujetas al Espíritu.* Su actitud hacia la pareja debe ser la de aceptarlos como uno, amándolos en el Espíritu y dejándolos en las manos del Señor. Al hacer esto llegará a ser una suegra llena de gracia y santidad.

El desafío de ser una abuela que ama a Dios

La abuela que vive una vida controlada por Cristo será una persona amable, afable y llena de gracia, capaz de aceptar su rol de abuela. La imagen tradicional de una abuela es la de una persona sabia, incapaz de obrar mal según la percepción de sus nietos. Por alguna razón los niños pequeños ven en sus abuelos una clase especial de persona que sabe de todo. Una joven esposa me contó que cada vez que se hallaba en alguna dificultad y no tenía seguridad sobre qué hacer, su hijito le decía: «Preguntémosle a la abuela, ella sabe». Se piensa y se espera que las abuelas sean mujeres santas, con una comunicación especial directa al cielo. Ahora, que soy abuela, me doy cuenta de que no todo esto es exacto. No me convertí repentinamente en una mujer supersabia, con una especial dote de espiritualidad, el día en que nació mi primer nieto. Lo que soy ahora, es el resultado de un proceso que se ha estado cumpliendo en mí; soy el producto de lo que controla mi vida: Cristo o mi yo.

Es verdad que una abuela puede tener una enorme influencia en los primeros años de vida de un niño. Muchos de ellos han sido guiados a Cristo por su abuela. Como por lo general no está comprometida en el trabajo y el cuidado de la criatura, la abuela tiene tiempo para hablar, leer y jugar con el niño. Su influencia puede estar dirigida tanto a cosas espirituales como al simple entretenimiento. Cuando los nietos son dejados a su cuidado, la abuela segura y madura no tendrá dificultad en disciplinar y educarlos, en lugar de pasar por alto su mala conducta.

Hay un aspecto en el que me siento más sabia ahora como abuela que antes como madre. Creo que con frecuencia he sido demasiado rígida, mientras que ahora he aprendido a ser más relajada en algunas cuestiones de menor importancia. Por cierto que algunas cosas deben estar absolutamente prohibidas, tanto para el bien de la criatura como para beneficio de los que lo rodean, pero hay algunas cosas sobre las que antes tenía un fuerte sentimiento de prevención, y ahora tolero. Un niño necesita una cierta medida de libertad, con tal que no se haga daño y tampoco lesione los derechos de otros. Asimismo, es muy importante respetar las reglas y directivas que su hijo o su hija hayan sentado para la crianza de sus hijos. Si ellos dicen: «No les den caramelos antes de la cena», entonces no debe hacerlo. La criatura necesita saber que la abuela no habrá de minar las reglas de los padres. Cuando el padre o la madre disciplina a su hijo, no hay ninguna necesidad de que la abuela dé su opinión. Será mucho mejor que desaparezca de escena.

La manera en que un hijo o una hija educa a sus niños, es una verdadera prueba de la forma en que ellos mismos fueron educados, y de los principios de vida que fueron inculcados en su corazón. Esto debería constituir un desafío para las parejas jóvenes, en el sentido de que es preciso educar mientras existe la oportunidad de hacerlo. Llegará el día en que tendrán que observar a sus hijos educar a sus nietos, ya sea con los mismos valores y principios, o sin ellos.

Existe una verdadera necesidad de que los abuelos oren por sus nietos. El mundo en el cual les toca crecer hoy en día es muy diferente del mundo en el cual criamos a nuestros hijos. Los abuelos tienen la responsabilidad no sólo de orar, sino de enseñar a sus nietos las cosas del Señor que ellos han aprendido: «Por tanto, guárdate, y guarda tu alma con diligencia, para que no te olvides de las cosas que tus ojos han visto, ni se aparten de tu corazón todos los días de tu vida; antes bien, las enseñarás a tus hijos, y a los hijos de tus hijos» (Deuteronomio 4.9).

La abuela satisfecha y piadosa tendrá mucho por lo cual agradecer al Señor. Sus actitudes hacia la vida y hacia sus hijos deberán ser controladas por Cristo. Tal vez tenga el privilegio de ver que sus hijos se reproduzcan y luego que sus nietos se reproduzcan. Tendrá gozo cuando vea que todos están en la familia de Dios, y sabrá que el amor entre ella y su esposo fue lo que originó todo eso. Sus hijos se levantarán y la llamarán bienaventurada: «Se levantan sus hijos y la llaman bienaventurada; y su marido también la alaba» (Proverbios 31.28). Otro versículo que las abuelas pueden usar como motivación para ser diferentes, son las palabras de nuestro Señor: *¡Quién diera que tuviesen tal corazón, que me temiesen y guardasen todos los días todos mis mandamientos, para que a ellos y a sus hijos les fuese bien para siempre!* (Deuteronomio 5.29)

16

El secreto de la mujer sujeta al Espíritu

A la mayoría de las personas no les agrada su propio aspecto. En cierta ocasión se le preguntó al grupo de «bella gente» de Hollywood qué cosa cambiarían de su rostro o sus rasgos si tuviesen el poder de hacerlo. El menor número de cambios enumerado por las mujeres era ocho, y el menor número para los hombres era cuatro, mientras que una mujer hizo una lista de doce cambios que deseaba. Y estas personas eran consideradas atractivas.

De manera similar, he observado que la mayoría de las personas no está conforme con su temperamento o su combinación de temperamentos. A decir verdad, no es raro que las mujeres coléricas hagan trampa en su evaluación de temperamento, porque no les gustan los rasgos duros y agresivos que a menudo les resulten desagradables o atemorizantes para otros. Los hombres flemáticos tienden a verse como más agresivos de lo que son en realidad, ya que la sociedad percibe a la naturaleza pasiva como no muy masculina. Los melancólicos, en cambio, suelen responder en una de dos maneras cuando escuchan por primera vez la teoría de los temperamentos. Preguntan: «¿Existe algún otro temperamento? No me veo representado en ninguno de estos cuatro», o responden: «Tengo todas las debilidades de todos ellos y ninguno de los puntos fuertes».

Recientemente mi esposo recibió una carta de un sanguíneo/colérico que se había hecho el análisis de temperamento de LaHaye unos años antes y dijo: «Usted me describió perfectamente, y me ha sido de gran ayuda saber cómo vencer mis debilidades. Pero ¿podría usted enviarme otro test personalizado que me establezca como colérico/sanguíneo? Hay rasgos del colérico que me agradan más». Lo que este querido hombre y muchos como él no comprenden, es que todos los temperamentos tienen tanto puntos fuertes como debilidades. Lo más importante es que Dios, el Espíritu Santo, desea darnos la victoria sobre nuestras debilidades. Los resultados del análisis no pueden cambiar a nadie, pero el Espíritu Santo sí.

«¿Por qué siempre termino haciendo lo que no debo?», sollozaba una madre y esposa cristiana, que había venido en busca de ayuda. Se trata de una vieja historia. Sabía lo que debía hacer al enfrentarse a ciertas tentaciones, pero de todos modos sucumbía ante ellas. Como es natural, estas provenían de aquellos puntos débiles de su temperamento. Como ocurre con todos los demás, sus virtudes, sus talentos y sus habilidades quedaban anuladas por las siempre presentes debilidades de su naturaleza. Sólo cuando aprendió a andar en el Espíritu fue capaz de sobreponerse a ellas. Esto no sucedió de la noche a la mañana, pues había andado en la carne por largo tiempo. Había obedecido a sus flaquezas y tenía hábitos profundamente arraigados. Pero poco a poco aprendió el arte de andar en el Espíritu. ¡Esto ha cambiado su vida!

> *Una de las mejores cosas que puede hacer una cristiana con su temperamento es aceptarlo como creación de Dios en ella y luego, con la ayuda del Espíritu Santo, llegar a ser el tipo de mujer sujeta al Espíritu que Dios quiere que sea.*

Lo que en un comienzo no comprendía esta mujer era el principio bíblico de que todos tenemos «el pecado que nos asedia». Estoy segura de que habrá notado que algunos de sus amigos nunca tienen problemas con alguna tentación o debilidad que tiende a vencerla a usted. Sin embargo, si los observa atentamente, descubrirá que son tentados en cuestiones que raramente la afectan a usted. ¿Por qué? Porque tienen temperamentos diferentes. Cada temperamento o combinación de temperamentos, cuenta con su propio conjunto de puntos fuertes y su correspondiente conjunto de debilidades. A fin de remediar dicho problema, Dios nos ha dado el ministerio del Espíritu Santo para fortalecer todas nuestras debilidades. Es por eso que se nos manda: «Andad en el Espíritu» (Gálatas 5.16), lo cual significa que conduzcamos nuestras vidas en sujeción al Espíritu Santo.

¡Sea usted misma! Una de las mejores cosas que puede hacer una cristiana con su temperamento, es aceptarlo como creación de Dios en ella y luego, con la ayuda del Espíritu Santo, llegar a ser el tipo de mujer sujeta al Espíritu que Dios quiere que sea.

Su temperamento es una parte permanente de usted que se quedará con usted mientras viva. Se acomodará un tanto durante ciertos períodos de su vida al madurar a través de la niñez, los años de adolescencia y la edad adulta. Disfrute de la riqueza de los puntos fuertes de su temperamento. Luego pida a Dios ayuda para modificar las debilidades, a la vez que se alimenta de la Palabra de Dios para poder llenarse más del Espíritu y parecerse más a Cristo. Aquellas debilidades que estorban su relación con Jesucristo y limitan su andar en fe son pecado. Cuando usted se entrega a una de las debilidades de su temperamento, puede estar segura de que contristará al Espíritu Santo. ¡Eso es pecado!

Recuerde, usted no se compone únicamente de debilidades, aunque en ocasiones pueda sentir que es así. Su temperamento es la fuente tanto de puntos fuertes como de debilidades. Sus puntos fuertes hacen surgir sus talentos, dones, habilidades y características que Dios le infundió en el momento de la concepción para deleite de Él. Él desea usar su vida, mayormente en sus puntos fuertes. Pero como usted ha recibido una naturaleza caída en el momento de la concepción, también ha heredado debilidades que, de ser cultivadas, impedirán que alguna vez logre su máximo potencial de santidad. Por eso deberá cultivar su naturaleza espiritual y aprender a andar en el Espíritu para poder vencer sus debilidades.

Después de tratar con cientos de personas, mi esposo y yo estamos convencidos de que hay una fortaleza en la vida llena del Espíritu para cada debilidad humana. A decir verdad, hoy en día se escucha mucho acerca de los dones del Espíritu. Yo creo que los nueve frutos del Espíritu son los dones del Espíritu. No requerimos de todos ellos con la misma intensidad por causa de la diferencia de nuestros temperamentos. Pero todos necesitamos algunos de ellos en proporción directa con nuestra combinación de temperamentos. Tenga la seguridad de esto: Hay una fortaleza o don del Espíritu para cada una de sus debilidades.

El éxito en cada circunstancia y etapa de la vida depende de nuestro andar en el Espíritu. Para evitar caer en el error cometido por un conocido expositor de la Biblia que visitó nuestra iglesia, debemos examinar atentamente cómo andar en el Espíritu. Un domingo por la mañana, cuando dicho hombre era el orador invitado, nos dio un mensaje acerca de la vida llena del Espíritu. ¡Fue una obra de arte! Había pintado de manera tan atractiva el andar en el Espíritu que, para cuando terminó, no quedaba una persona en el auditorio que no estuviera sedienta de ser llena del Espíritu, como ordena Pablo en Efesios 5.18. Mi esposo estaba tan conmovido que dijo: «¡Maravilloso! Espero que esta noche nos explique cómo andar en el Espíritu». El buen hombre de Dios pestañeó y se quedó sin aliento. Acababa de darse cuenta que en su predicación había pasado por alto la parte más importante del andar en el Espíritu: el *cómo*.

El amante Dios que nos ordenó «sed llenos del Espíritu» ha provisto los pasos sencillos que deben seguirse para que esta posibilidad se haga realidad.

Primero y principal, reciba la salvación de Dios, al invitar a Jesucristo a entrar en su vida. Debiera resultar obvio que no es posible vivir en sujeción al Espíritu a menos que Él esté en su vida. Y eso no es posible hasta que haya nacido de nuevo, habiendo invitado a Jesús a su vida para perdonarle sus pecados pasados. Él le dará vida eterna y vivirá en usted por medio de su Espíritu Santo, dándole la fuerza para ser una nueva criatura en Cristo. La entrada del Espíritu Santo a su vida será lo que habrá de capacitarla para vencer sus debilidades.

Por favor tenga en cuenta que este primer paso es el más fácil, ya que lo único que debe hacer es «invocar el nombre del Señor» para ser salva. Si usted cree que Jesús murió en la cruz por sus pecados, fue sepultado y resucitó de los muertos, usted tiene la fe necesaria para ser salva. Lo único que debe hacer entonces es invitarlo a su corazón y pedirle perdón por sus pecados del pasado. La Biblia nos dice: «Todo aquel que invocare el nombre del Señor, será salvo» (Romanos 10.13). Una vez que haya recibido a Cristo, vaya al siguiente paso.

Segundo, debe vivir bajo el control absoluto del Espíritu Santo: «No os embriaguéis con vino, en lo cual hay disolución; antes bien sed llenos del Espíritu» (Efesios 5.18). Las palabras *lleno* y *controlado* son intercambiables. Siempre que la Biblia habla de estar «llenos del Espíritu», también significa «estar controlados por el Espíritu».

Observe, por ejemplo, este versículo donde se le prohíbe al cristiano embriagarse con alcohol (lo cual significa estar «controlado» por el alcohol). En lugar de eso, debemos ser llenos del (o controlados por el) Espíritu. Es probable que haya visto a una persona ebria caminando con dificultad por la calle, bajo influencia del alcohol... está fuera de control. Está controlado por una sustancia inanimada. En lugar de eso, debemos ser controlados por el Espíritu Santo quien vino a nuestros corazones cuando recibimos a Cristo. En efecto, es Él quien cambia nuestras vidas después de ser salvos. Estoy segura de que habrá escuchado a los cristianos novatos hablar acerca del cambio que obró Cristo en sus vidas después de recibirlo. Lo que ha sucedido en realidad es que el Espíritu Santo entró a sus vidas y les dio un nuevo conjunto de características para poder vencer sus debilidades.

Observe las nueve características que provee el Espíritu Santo cuando entra a su vida, de acuerdo con Gálatas 5.22, son llamados «fruto» o evidencias del Espíritu en su vida.

Con fines de practicidad, los denominaremos «fortalezas» del Espíritu. Se trata de fortalezas que posiblemente no haya tenido antes de convertirse en cristiano. A continuación se enumeran esas nueve fortalezas nuevas y se sugiere su significado.

Amor: compasión hacia los demás

Gozo: una canción en el corazón

Paz: contentamiento interior

Paciencia: espera paciente, perseverancia

Benignidad: consideración por otros, sin pretender recompensa

Bondad: creciente aborrecimiento del pecado

Fe: compromiso con Dios, el cónyuge, el deber

Mansedumbre: consideración por los sentimientos de los demás

Templanza: fuerza interior para controlar sus debilidades emocionales, mentales y físicas

¿A quién no le agradaría ser controlado por estas características divinas? Debo enfatizar, sin embargo, que no son automáticas. Las Escrituras, en este mismo pasaje (Gálatas 5.16-18), dejan en claro que todavía tenemos la vieja naturaleza o sea «la carne», pero se nos amonesta que andemos en el Espíritu (o bajo el control del Espíritu) y no en la carne, «Porque el deseo de la carne es contra el Espíritu, y el del Espíritu es contra la carne». Desde el momento en que recibió la salvación, se libraba una guerra interna a fin de lograr el control de su vida y de su cuerpo. La vieja naturaleza pecaminosa de la carne desea controlarla de acuerdo con su trasfondo, sus hábitos y sus debilidades. Pero el Espíritu Santo desea controlarla de acuerdo con las nueve características antes mencionadas. Es allí donde entra en juego su voluntad. Con frecuencia deberá ceder su voluntad al Espíritu de Dios que está en usted.

Nuestras mentes afectan el comportamiento, así que es importante que nuestras mentes estén controladas por el Espíritu. «Porque los que son de la carne piensan en las cosas de la carne; pero los que son del Espíritu, en las cosas del Espíritu» (Romanos 8.5). Ocuparse de los deseos de la carne lleva a la muerte y a la separación de Dios. Ocuparnos de las cosas del Espíritu redunda en vida y paz, no sólo en paz con Dios, sino en paz con nosotros mismos: «Cual es su pensamiento en su corazón, tal es él» (Proverbios 23.7). Lo que somos, gobierna aquello que pensamos. Lo que pensamos gobierna nuestra manera de actuar, y nuestra manera de actuar gobierna nuestra relación con Dios. Nuestros pensamientos, acciones y relación con Dios se ven todos afectados cuando estamos sujetos el Espíritu.

Cuando el pecado entra a nuestras vidas, la plenitud del Espíritu se interrumpe de inmediato. Por lo tanto es preciso confesar regularmente nuestros pecados a Cristo: «Si confesamos nuestros pecados, Él es fiel y justo para perdonar nuestros pecados, y limpiarnos de toda maldad» (1ª Juan 1.9).

Uno de los aspectos clave de la vida sujeta al Espíritu es la de confesar el pecado sin demora. En cuanto se da cuenta que alguna cosa que ha hecho, sentido o pensado, es pecado, confiéselo y será restaurada. Muchos cristianos se desaniman en este punto y permanecen en su modalidad pecaminosa, pero esto sólo refuerza el hábito. Puede ocurrir también que muchos cristianos piensen erróneamente en esperar hasta el domingo siguiente en la iglesia para confesar su pecado. La Biblia enseña que, como cristiano, usted es «templo de Dios». Es decir que el Espíritu Santo está en su vida y siempre está con usted. Puede volver su rostro a

Él para confesión, oración o ayuda en cualquier momento, esté donde esté. Sin embargo, es necesario que revise su vieja manera de pensar, reemplazando sus viejos pensamientos con los de Dios.

Tercero, lea la Palabra de Dios con regularidad. Es interesante notar el paralelo que hay entre los resultados de una vida llena del Espíritu Santo y una vida llena de la Palabra de Dios.

Resultados de una vida llena del Espíritu (Efesios 5.18-21):

1. Un corazón lleno de gozo
2. Un espíritu agradecido
3. Una actitud sumisa

Resultados de una vida llena de la Palabra (Colosenses 3.16-18):

1. Un corazón lleno de gozo.
2. Un espíritu agradecido.
3. Una actitud sumisa.

Es obvio que si hemos de andar bajo el control del Espíritu, debemos conocer la mente del Espíritu. Esto no se obtiene con visiones o revelaciones, sino mediante el estudio de la Palabra de Dios. La Biblia dice en Filipenses 2.5: «Haya, pues, en vosotros este sentir que hubo también en Cristo Jesús». ¿Cómo se puede lograr que el sentir de Cristo esté en uno? Mediante la lectura y memorización de pasajes bíblicos. La Biblia nos dice también «La palabra de Cristo more *en abundancia* en vosotros» (Colosenses 3.16) [énfasis agregado], lo cual significa leer, estudiar, meditar y memorizar la Palabra de Dios. Cuanto más tenga una mujer la Palabra de Dios en su mente, más fácil le será tener pensamientos santos, como también emociones y deseos santos.

La mayoría de las mujeres que han venido a mí buscando ayuda no estaban sujetas al Espíritu y no se alimentaban regularmente con la Palabra de Dios. Es posible que no disponga de una hora diaria para pasar leyendo la Biblia, pero comience dedicando por lo menos quince minutos diarios a la lectura de la Palabra a fin de crecer y andar en el Espíritu. Así como es importante que nos miremos al espejo cada mañana para el buen aseo físico, es igualmente importante que nos miremos en el espejo de la Palabra de Dios para un buen aseo espiritual diario. Será necesario que desarrolle una diaria sensibilidad para no contristar al Espíritu Santo a causa de sus actitudes. Esto probablemente siga un patrón según el temperamento. El flemático y el melancólico tienden a pecar contra el Espíritu por medio de la preocupación, la ansiedad y el temor. El sanguíneo y el colérico entristecen al Espíritu mayormente por expresiones de enojo, amargura y hostilidad:

> Y no contristéis al Espíritu Santo de Dios, con el cual fuisteis sellados para el día de la redención. Quítense de vosotros toda amargura, enojo, ira, gritería y maledicencia, y toda malicia. Antes sed benignos unos con otros, misericordiosos, perdonándoos unos a otros, como Dios también os perdonó a vosotros en Cristo (Efesios 4.30-32).

Al nombrar a su hijo, John Quincy Adams, como primer embajador de nuestra nación a Rusia, nuestro segundo presidente, John Adams, dio algunos consejos muy sabios. El presidente Adams dijo a su hijo, quien más tarde se convertiría en el quinto presidente de los Estados Unidos, que debería leer cuatro o cinco capítulos de la Biblia cada día porque a él le había ayudado a pensar con claridad a lo largo del día. El padre también dijo al hijo que sólo le ocupaba aproximadamente una hora de su tiempo.

Sugerencia de lectura: No basta con recomendarle que mantenga un hábito diario de lectura de la Palabra de Dios. He visto que muchas mujeres andan dando tumbos tratando de ubicar «el pasaje más adecuado para leer», y acaban desperdiciando la mitad de su tiempo. Me gustaría sugerir algunas técnicas de lectura que han probado ser sumamente útiles. Antes que nada, compre un cuaderno económico con espiral que tenga el tamaño aproximado de su Biblia preferida. Manténgalo junto a su Biblia y haga anotaciones diarias como si fuese un diario espiritual o un registro de algún mensaje especial que ha recibido de la Palabra de Dios ese día. Al cabo de unas pocas semanas, su diario le aportará un excelente material de lectura para repaso.

Recomiendo que su punto de partida sea el Nuevo Testamento, preferentemente las epístolas cortas de Pablo: Efesios, Gálatas, Colosenses, Filipenses. A decir verdad, una de las mejores formas de preparar su mente para la Palabra de Dios es leer un libro entero de cuatro o cinco capítulos cada día durante treinta días. Para cuando termine ese mes, verdaderamente conocerá ese libro. Recuerde que estos libros fueron dirigidos a iglesias individuales. Para muchos de esos cristianos, esa fue la única Biblia que tuvieron por mucho tiempo.

Luego lea la Biblia para necesidades personales. Si tiende a estar desanimada, deprimida, o a perder su gozo, lea el pequeño libro de Filipenses cada día durante treinta días. Si no tiene la seguridad de su salvación, lea 1 Juan cada día durante treinta días (sólo consta de cinco capítulos). Si tiende a ser un cristiano airado, lea el libro de Efesios cada día durante un mes. Si el temor de la apatía invade sus pensamientos, lea Santiago durante treinta días. Puede hacer lo mismo con 1 y 2 Pedro, las otras epístolas de Pablo e incluso con los Evangelios, dividiéndolos en grupos de cuatro o cinco capítulos cada uno. Para obtener sugerencias adicionales, lea el libro de mi esposo *Cómo estudiar la Biblia por sí mismo* (Editorial Betania, 1977). Otro libro muy útil que le asistirá en su vida de oración y programa de lectura bíblica diaria es *Strength for the Coming Days* [Fortaleza para los días venideros]. Contiene un programa diario de lectura de la Biblia, ideas para el tiempo de oración e incluso sugerencias para la memorización de escrituras. Este libro puede adquirirse en la oficina nacional de Concerned Women for America.

Una cristiana muy activa me confesó en cierta oportunidad que su vida espiritual se estaba deteriorando rápidamente. Siempre la había considerado una mujer abierta, atractiva y de un espíritu lleno de gracia. Había sido el instrumento usado por Dios para llevar primero a su esposo y a sus tres hijos adolescentes a los pies de Cristo. Pero entre lágrimas me contó una historia totalmente distinta: «Durante los últimos meses he tenido los nervios destrozados. Le contesto mal a mi esposo, les grito a los chicos, y el otro día me enojé tanto que zapateé en el suelo y proferí una blasfemia. Así solía actuar antes de convertirme a Cristo».

Ante mi pregunta acerca de cuál había sido su experiencia más traumática de los últimos meses, ella me contestó vacilante: «Enterarme de la infidelidad de mi esposo». La consciencia de su esposo melancólico, se había vuelto tan sensible después de su conversión, que se sintió impulsado a confesarle su infidelidad.

Es interesante notar que ella ya lo había perdonado. Se daba cuenta que su pecado había sido lavado por la sangre de Cristo, y por eso aceptaba su promesa de que nunca volvería a ver a la mujer. El problema no era contra su marido. ¡El asunto era que ella conocía a la mujer! En efecto, ella era una vieja amiga de la familia que profesaba ser cristiana, con quien había orado alguna vez por la conversión de su esposo. Ahora, cada vez que pensaba en esa mujer, se llenaba de ira. «La sola idea de que ella traicionara mi confianza y mi amistad me llena de irritación», me dijo. Al hacer esta afirmación, noté que se ponía tensa y su mano comenzaba a temblar. Le señalé su mano temblorosa y comenté: «Esa mujer realmente la molesta, ¿verdad?» Y mis palabras fueron suficientes para que estallara con furia y comenzara a sollozar.

> *El andar en el Espíritu se basa en la relación personal que mantenemos con Dios. Nuestra relación con Él ciertamente es la clave para llevarnos bien con todos los demás.*

Para ese entonces resultaba obvio, incluso para ella, que la amargura y el odio la estaban consumiendo y que debía hacer algo al respecto. Leímos algunos versículos sobre el perdón (Mateo 6.14, por ejemplo), y estaba lista para confesar a Dios su odio por dicha mujer. Poco a poco aprendió a olvidar «lo que queda atrás» y comenzó a leer la Palabra a medida que andaba en el Espíritu. Hoy es nuevamente la cristiana radiante que solía ser, porque ha dejado de contristar al Espíritu Santo con su actitud.

Si eres capaz de «andar en el Espíritu» en tu actitud mental y espiritual, podrás llegar a «andar en el Espíritu» en tus actos. Es por eso que el andar en el Espíritu se basa en la relación personal que mantenemos con Dios. Nuestra relación con Él ciertamente es la clave para llevarnos bien con todos los demás.

Cuarto, aprender a andar en el Espíritu es desarrollar una actitud mental de oración. Esto no significa una simple oración formal ofrecida a una cierta hora del día. A pesar de que eso resulta muy útil, resulta aun más importante mantener una actitud mental continua de oración o de comunión con Dios. En la lectura de la Biblia, Dios le habla. En la oración, usted la habla a Dios. Me resulta increíble la frecuencia con la que la Biblia nos enseña a orar. Por ejemplo: dice «orad sin cesar», «orando en todo tiempo». Hasta nuestro Señor dijo: «Cuando estéis orando...» Otro ejercicio espiritual de utilidad, es buscar todos los versículos acerca de la oración en su concordancia y anotar en su diario aquellos que le hablan a usted en forma particular. Luego repáselos con frecuencia e impleméntelos en su vida diaria.

Mediante la oración regular, diaria y continua, llegamos a cumplir verdaderamente la amonestación del Señor de reconocerlo «en todos nuestros caminos»; es decir, considerarlo en todo lo que hacemos. Siempre me ha sorprendido que cuando pregunto a mujeres atribuladas si han orado por su problema o si han buscado el consejo de Dios, casi invariablemente me responden que no. ¡Con razón los cristianos toman las mismas decisiones erradas de la gente del mundo! Cristo los salvó y mora en ellos por medio de su Espíritu Santo, sin embargo muchos cristianos no pasan tiempo con Él en su Palabra, ni buscan la dirección de Él para sus vidas. Algunos, por supuesto (si son sinceros), tendrían que reconocer que no deseaban su consejo, pues ya habían resuelto en sus mentes lo que deseaban hacer. Comprenden que la voluntad de Dios quizás no se adecue a la voluntad de ellos.

Quinto, es esencial procurar cumplir la voluntad de Él.

Andar en la carne es fácil... sólo es necesario hacer lo que le dé la gana. La dificultad que se presenta con ese estilo de vida (lo que hoy llamamos: «hacer lo que se me antoja») es que multiplica las consecuencias y las pruebas de la vida. El autor de Proverbios dice: «Hay camino que al hombre le parece derecho; pero su fin es camino de muerte» (14.12). Una mujer sujeta al Espíritu no busca primero su propia voluntad para su vida, sino que por fe procura sinceramente hacer la voluntad de Dios al serle revelada por su Palabra y en oración. Digo que lo hace por fe, porque su primer impulso puede parecer un sacrificio, rendir algo o alguna cosa para el Señor, pero la mujer sujeta al Espíritu sabe que Dios la ama, que tiene un plan maravilloso para su vida, y que a la larga su camino es el mejor. Un hombre sabio dijo una vez: «Nunca es correcto sacrificar sobre el altar de lo inmediato aquello que es eterno».

Uno de los gozos de haber servido a nuestro Señor por espacio de muchos años, es mirar hacia atrás y decir por lo que se ve, que el camino de Dios siempre ha sido el correcto. Por cierto que no puedo decir eso con respecto a mis propios caminos y decisiones. Pero siempre que tomé la decisión de hacer la voluntad de Dios y no la mía, ha probado ser la decisión correcta.

Y de eso precisamente se trata la vida: el resultado neto de todas las decisiones que ha tomado. Su felicidad actual va en proporción directa con el número de decisiones acertadas que ha tomado hasta ahora. Si usted no es feliz, cambie sus días venideros adoptando como práctica para su vida buscar primeramente la voluntad y la justicia de Dios y no su propia voluntad. Usted, también, será bendecida. Dios ha prometido: «¡Cuán bienaventurados son los de camino perfecto, los que andan en la ley del SEÑOR! ¡Cuán bienaventurados son los que guardan sus testimonios, los que de todo corazón le buscan!» (Salmo 119.1-2 Biblia de las Américas). Eso es vivir por fe. Es confiar que Dios guardará su Palabra en su vida.

SUMARIO

Andar en el Espíritu no es difícil. En realidad, es un mandato de Dios. Por cierto, no nos da mandatos que sean demasiado difíciles de cumplir. En lugar de eso, promete suplir todas nuestras necesidades. Por lo tanto, cualquier cristiano que desee andar en el Espíritu puede hacerlo. Si usted es cristiana, recuerde que el andar en el Espíritu requerirá tres cosas: 1) lectura asidua de su Palabra, 2) una continua actitud de oración, y 3) obediencia en el cumplimiento de su voluntad. ¿Vale la pena? Sólo responda a esta pregunta: ¿Preferiría usted ser llena de amor, gozo, paz, paciencia, bondad, fe, mansedumbre y templanza, o de ira, temor, culpa, celos, egoísmo, etc.? Usted sí cuenta con la capacidad de vencer sus debilidades. Y, como cristiana, a usted le toca decidir.